EL NIÑO Y SU MUNDO

EL NIÑO Y SU MUNDO

El arte de contar cuentos a los niños

16 cuentos con consejos y actividades
para deleitar a los más pequeños

Rebecca Isbell / Shirley C. Raines

```
JUV/Sp LB 1042 .I7918 2001
Isbell, Rebecca T.
El arte de contar cuentos a
  los ni~nos
```

Título original: *Tell It Again! 2*
Publicado en inglés por Gryphon House, Inc.

Traducción de Elena Barrutia

Diseño de cubierta: Valerio Viano

Ilustración de cubierta e interiores Joan Waites

Fotografía de cubierta: Stock Photos

Distribución exclusiva:
Ediciones Paidós Ibérica, S.A.
Mariano Cubí 92 – 08021 Barcelona – España
Editorial Paidós, S.A.I.C.F.
Defensa 599 – 1065 Buenos Aires – Argentina
Editorial Paidós Mexicana, S.A.
Rubén Darío 118, col. Moderna – 03510 México D.F. – México

Quedan rigurosamente prohibidas, sin la autorización escrita de los titulares del *copyright*, bajo las sanciones establecidas en las leyes la reproducción total o parcial de esta obra por cualquier medio o procedimiento, comprendidos la reprografía y el tratamiento informático, y la distribución de ejemplares de ella mediante alquiler o préstamo públicos.

© 2000 Rebecca Isbell and Shirley Raines

© 2001 exclusivo de todas las ediciones en lengua española:
  Ediciones Oniro, S.A.
  Muntaner 261, 3.º 2.ª – 08021 Barcelona – España
  (oniro@edicionesoniro.com-www.edicionesoniro.com)

ISBN: 84-95456-81-8
Depósito legal: B-49.525-2004

Impreso en Hurope, S.L.
Lima, 3 bis – 08030 Barcelona

Impreso en España – *Printed in Spain*

Para profesores y bibliotecarios,
padres y madres,
abuelos y abuelas,
tíos y tías,
y mayores de cualquier edad.
Para los narradores de todas partes
que invitan a los niños
a sentarse a su lado.

Para Jack el perezoso
y la Bella Durmiente,
Para el gato con botas
y el Sastrecillo Valiente,
Para reyes y reinas,
príncipes y princesas,
para que el bien venza al mal
y triunfe la verdad.

Para que los narradores de todo el mundo
lean una página o dos
y se las transmitan a los demás.
Cuando cuentes un cuento
disfruta de la magia y de los sueños...
de las lecciones y los misterios.
Lo único que te pedimos

es que se lo cuentes a los niños, y que lo hagas con todo tu cariño.

Shirley Raines

Índice

Dedicatoria 5
Introducción 8

Capítulo 1:
Ricos y pobres

EL SASTRE AHORRADOR 14
   Consejos para narrar la historia 18
   Preguntas 18
   Actividades
      Disfraces 19
      Cosiendo como un sastre 20

JACK EL PEREZOSO 21
   Consejos para narrar la historia 26
   Preguntas 26
   Actividades
      Trabajos para Jack 27
      Cuento ilustrado 28

LA OLLA PARLANTE 29
   Consejos para narrar la historia 35
   Preguntas 35
   Actividades
      Intercambios 36
      Pudín en una olla 37

EL PESCADOR Y SU MUJER 38
   Consejos para narrar la historia 44
   Preguntas 44
   Actividades
      Pez mágico de papel 45
      Frase musical 46

Capítulo 2: Una buena acción merece una recompensa

EL LEÓN Y EL RATONCITO 48
   Consejos para narrar la historia 53
   Preguntas 53
   Actividades
      Favores 54
      Cuento con dibujos 55
      Andando como los animales 56

EL NABO GIGANTE 57
   Consejos para narrar la historia 61
   Preguntas 61
   Actividades
      Degustación 62
      Arrastre 63

LA GALLINITA ROJA 64
   Consejos para narrar la historia 70
   Preguntas 70
   Actividades
      ¿Cómo es el trigo? 71
      Vamos a recordar 72
      El pan de la Gallinita Roja 73

LOS DUENDES Y EL ZAPATERO 74
   Consejos para narrar la historia 83
   Preguntas 83
   Actividades
      Collage de zapatos 84
      Zapatería 85

LA GRULLA BLANCA 86
   Consejos para narrar la historia 92
   Preguntas 92
   Actividades
      Escenas ilustradas 93
      Comida para pájaros 94
      Parejas de quimonos 95

Capítulo 3: Aprendiendo de los errores

LA GALLINA MARCELINA Y SUS AMIGOS 98
   Consejos para narrar la historia 104
   Preguntas 104
   Actividades
      Animales de corral 105
      Pasa la frase 106

QUE VIENE EL LOBO 107
   Consejos para narrar la historia 112
   Preguntas 112
   Actividades
      Lana de oveja 113
      Tareas domésticas 114

Capíulo 4: Por qué son así los animales

LA COLA DE LA ZARIGÜEYA 116
   Consejos para narrar la historia 119
   Preguntas 119
   Actividades
      Al ritmo del tambor 120
      Supervivencia 121

POR QUÉ LOS COCODRILOS NO COMEN GALLINAS 122
   Consejos para narrar la historia 126
   Preguntas 126
   Actividades
      Soy un cocodrilo 127
      Familias de animales 128

LA JOROBA DEL CAMELLO 129
   Consejos para narrar la historia 134
   Preguntas 134
   Actividades
      El camello misterioso 135
      Juegos de arena 136

POR QUÉ EL BURRO VIVE CON EL HOMBRE 137
   Consejos para narrar la historia 143
   Preguntas 143
   Actividades
      Voces de animales 144
      Meseta 145

EL ELEFANTITO CURIOSO 146
   Consejos para narrar la historia 154
   Preguntas 154
   Actividades
      Libro de la selva 155
      Cosas elásticas 156
      Experiencias personales 157
      Niños curiosos 158

Fichas 159

Fuentes de los cuentos 187

Introducción

El patito feo que se convirtió en un bello cisne. El niño que decía que venía el lobo, al que nadie hizo caso cuando vino de verdad. La discreta tortuga que ganó a la liebre que presumía de ser muy rápida. Algunas de las lecciones más importantes de la vida se recuerdan mejor a través de los cuentos infantiles.

En la narración de un cuento hay tres elementos esenciales: la historia, el narrador y el oyente. Cuando un buen narrador cuenta una historia bien elegida consigue captar la atención del oyente y los tres elementos funcionan en armonía. Los cuentos tienen muchos aspectos positivos, entre ellos los momentos de asombro y emoción que provocan, las moralejas y las verdades universales que se pueden recordar y aplicar toda la vida y el vínculo especial que se crea entre el narrador y el oyente.

El poder de los cuentos

Los cuentos ofrecen muchas posibilidades. Un cuento bien contado puede inspirar acción, potenciar la capacidad de percepción, ampliar el nivel de conocimientos o proporcionar diversión. Los cuentos ayudan a los niños a comprender el mundo y el modo en que se relaciona la gente en él.

Cuando los niños escuchan un cuento utilizan su imaginación. Gracias a las descripciones del narrador pueden imaginarse a la «olla parlante» o al «elefantito curioso». Esta creatividad depende de la capacidad de expresión del narrador a la hora de contar el cuento y de la interpretación activa del oyente. Cuanto más amenos sean el cuento y el narrador, más disfrutarán los niños con la experiencia.

Los cuentos también ayudan a los niños a comprender su estructura narrativa. Puesto que lo que más les gusta es crear las imágenes de la historia, suelen acordarse con facilidad de los personajes, el orden de las secuencias y la moraleja. Los cuentos pueden animar a los niños a explorar diversos géneros literarios y a convertirse en narradores, lectores o escritores.

Selección de cuentos

Decidimos escribir este libro porque apenas hay obras dedicadas al arte de contar cuentos. Normalmente no es fácil encontrar cuentos adecuados para niños pequeños. Los que hemos seleccionado para este libro son apropiados para contar y se adaptan a las necesidades de desarrollo de los niños.

Los cuentos apropiados para los más pequeños suelen tener alguna de las siguientes características:

- Argumento fácil de seguir.
- Palabras y expresiones reiterativas.
- Sucesos previsibles y acumulativos.
- Aventuras y acción.
- Incidentes divertidos.
- Situaciones interesantes y entretenidas.
- Final emocionante con una conclusión apropiada.
- Moraleja o mensaje fácil de comprender.

Consejos generales

Los siguientes consejos para narrar historias se pueden aplicar a la hora de contar la mayoría de los cuentos:

- Observa a los niños mientras les cuentes la historia. Modifícala y haz aclaraciones cuando sea necesario.
- Anímales a participar de una forma activa.
- Adapta el ritmo y la extensión del relato al nivel de experiencia y desarrollo de los niños.
- Emplea diferentes voces, gestos y expresiones faciales para captar su atención.

⊙ Utiliza palabras y descripciones que les ayuden a imaginar las situaciones del cuento.

⊙ Cuenta la misma historia muchas veces para que la comprendan cada vez mejor.

Los cuentos ofrecen un gran abanico de retos y oportunidades. A los niños les gustan las cosas previsibles, la repetición, el humor y la participación activa en el desarrollo de la historia. Si los cuentos son demasiado complicados o el narrador es demasiado dramático, el niño «desconectará» o simplemente rechazará la experiencia.

Estructura del libro

Los 16 cuentos multiculturales de este libro están agrupados por temas: «Ricos y pobres», «Una buena acción merece una recompensa», «Aprendiendo de los errores» y «Por qué son así los animales». Cada sección contiene de tres a cinco cuentos, de los cuales al menos uno pertenece al repertorio tradicional. Estos cuentos conocidos son una buena opción para comenzar a practicar.

Todos estos cuentos fueron escritos para estimular la imaginación de los niños y captar su atención. Gracias a su estructura y a sus atractivos argumentos son fáciles de contar. Aunque se escribieron para ser narrados, todos ellos son adecuados para leerlos.

La presentación de las historias es muy sencilla. Cada apartado comienza con una breve introducción, seguida del cuento y de una sentencia que resume el mensaje o moraleja. A continuación se ofrecen unos consejos para narrar la historia y varias preguntas para plantear a los niños. Puesto que los niños pequeños aprenden mejor con la práctica, también hemos incluido algunas actividades para potenciar y ampliar las experiencias. Además, al final del libro se incluye una serie de fichas, una para cada cuento, que contienen la relación de los personajes por orden de aparición y un resumen de la historia.

Mensaje

El mensaje o moraleja se incluye para que el narrador pueda centrarse en la «verdad» o propósito de cada cuento. En muchos casos la lección puede variar según la edad del oyente. Por ejemplo, al escuchar «El pescador y su mujer», un niño pequeño disfrutará con la acción de la historia, uno más mayor pensará que sería extraordinario conseguir todo lo que uno desea, y un adulto se dará cuenta de que el tema principal es el riesgo de la codicia.

Consejos para narrar las historias

Al final de cada cuento hemos incluido unos consejos basados en nuestra experiencia como cuentacuentos. Estos consejos ayudarán al narrador a identificar aspectos concretos que se pueden ampliar y adaptar a las necesidades de los niños. Como es lógico, cada narrador podrá seleccionar o modificar las sugerencias para que el cuento se ajuste a las características de sus oyentes.

Preguntas

Al final de cada cuento hay también varias preguntas que el narrador puede plantear a los niños. No siempre es necesario hacer preguntas después de contar un cuento. Un buen narrador tendrá en cuenta el estado de ánimo de sus oyentes antes de decidir si conviene plantearlas. Para responder a muchas de ellas se necesita un buen nivel de lógica y creatividad.

Actividades

El objetivo de estas actividades, que están relacionadas con la historia o con el tema principal, es estimular la creatividad de los niños. La mayoría incluye ejercicios de prelectura, y ayudan a los niños a recordar la idea principal del cuento.

Fichas

Las fichas que se incluyen al final del libro, a partir de la página 159, sirven para recordar la relación de personajes, el orden de las secuencias, las expresiones más utilizadas y las frases ingeniosas. Estas fichas resultarán muy útiles tanto a los narradores con experiencia como a los principiantes. Úsalas para aprender una historia nueva, para preparar un repertorio de cuentos o para revisar historias para contar en otra ocasión.

El placer de contar cuentos

¿Cuáles eran tus cuentos favoritos de niño? ¿Te acuerdas de «Ricitos de Oro» y de «Los tres cerditos»? Una amiga recuerda que su madre le contaba estos cuentos clásicos, y que cuando fue a la escuela se quedó asombrada al ver que la profesora los leía en un libro. Convencida de que su madre se los había inventado, le sorprendió que los padres y los profesores supieran los mismos cuentos.

Para apreciar el poder de los cuentos intenta recordar los que más te gustaban cuando eras pequeño. Piensa en lo que sentías, en el carácter de los personajes y en el modo en que vivías las historias. Recuerda cómo te asustabas cuando Ricitos de Oro se perdía en el bosque, el alivio que sentías cuando encontraba la cabaña de los osos y la ansiedad que te invadía ante el riesgo de que la pillaran. Imagina que pruebas las tres camas y que comes la comida de los tres cuencos.

El placer que sentimos al recordar esas experiencias debería animarnos a transmitirlas. Sin duda alguna los relatos orales tienen una gran importancia en la historia de la literatura. ¿Cómo se convierte alguien en narrador de cuentos? Recuerda los cuentos de tu infancia, selecciona una historia apropiada y cuéntasela a tu hijo o a un grupo de niños. Sigue los consejos que hemos mencionado, ten una ficha a mano para echar un vistazo rápido y déjate llevar por el ritmo de la historia. Al ver las reacciones positivas de los niños te convertirás para siempre en un narrador de cuentos.

Ya seas profesor, bibliotecario, padre de un hijo o abuelo de cinco nietos, el mensaje es el mismo. Los cuentos que cuentes serán un maravilloso regalo para toda la vida. Disfruta de la experiencia y del entusiasmo de los niños cuando te pidan:

«¡Cuéntanoslo otra vez!»

1
Ricos y pobres

EL SASTRE AHORRADOR	14
JACK EL PEREZOSO	21
LA OLLA PARLANTE	29
EL PESCADOR Y SU MUJER	38

El Sastre ahorrador

En este cuento, un sastre muy trabajador consigue hacerse por fin un abrigo para el invierno. Cuando se le desgasta se da cuenta de que puede aprovechar la tela para otras cosas: primero una chaqueta, después un chaleco, luego un gorro y por último un botón.

Había una vez un sastre muy hacendoso que vivía en un pueblecito. Hacía abrigos, chaquetas y sombreros para la gente del pueblo. Trabajaba tanto cosiendo ropa para los demás que nunca tenía tiempo de hacerse nada para él.

El sastre necesitaba un abrigo para no pasar frío en invierno, pero no tenía dinero para comprar la tela ni tiempo para hacerlo. Entonces decidió ahorrar un poco de dinero cada vez que vendiese ropa a la gente del pueblo. Así podría comprarse la tela para hacerse un buen abrigo.

Usa un tono de voz triste.

Cosió muchas cosas y ahorró durante mucho tiempo. Poco a poco ahorró suficiente dinero para comprar la tela que necesitaba, y entonces se hizo un abrigo muy calentito. Estaba muy orgulloso del abrigo que se había hecho. Se lo ponía siempre que hacía frío, e incluso cuando refrescaba un poco.

Levanta la cabeza y pon cara de orgullo.

Se puso el abrigo hasta que se desgastó, pero le gustaba tanto que no quería tirarlo.

Abrázate como si te encantara tu abrigo.

Entonces miró bien el abrigo y se dio cuenta de que había un trozo de tela que no estaba desgastado. Lo miró y decidió que se podía aprovechar para hacer una chaqueta. Así que cogió ese trozo de tela del abrigo y se hizo una bonita chaqueta.

Simula que examinas una tela.

Estaba muy orgulloso de la chaqueta que se había hecho. Se la ponía cuando hacía frío y cuando refrescaba un poco. Se la ponía cuando estaba nublado. Se la ponía casi todos los días. Se puso la chaqueta hasta que se desgastó. Era su chaqueta favorita, y no quería tirarla.

Pon cara de alegría. Hazte el dormido.

EL SASTRE AHORRADOR

Simula que examinas una tela. **Levanta la cabeza y pon cara de orgullo.** **Lanza un suspiro.**	Entonces miró bien la chaqueta y se dio cuenta de que había un trozo de tela que no estaba desgastado, que se podía aprovechar para hacer un chaleco. Así que cogió ese trozo de tela de la chaqueta y se hizo un elegante chaleco. Estaba muy orgulloso de su chaleco. Se lo ponía muy a menudo. Se lo ponía cuando hacía frío, cuando estaba nublado e incluso cuando hacía calor. Se lo puso casi todos los días hasta que se desgastó. Pero le gustaba tanto que se quedó muy triste.
Simula que estás cosiendo.	Entonces miró bien el chaleco y se dio cuenta de que había algunos trozos de tela que no estaban desgastados, que se podían aprovechar para hacer un gorro. Así que cogió esos trozos de tela del chaleco y los cosió para hacerse un gorro pequeño.
Simula que te pones un gorro.	Cuando se probó el gorro vio que le quedaba perfectamente. Estaba muy orgulloso de su gorro. Se lo ponía muy a menudo, cuando hacía frío y cuando hacía calor.
Pon cara de satisfacción.	Se ponía el gorro dentro y fuera de casa. Se lo puso para ir a todas partes hasta que se desgastó. Pero le gustaba tanto que no quería tirarlo.
Tócate un botón de la camisa.	Entonces miró bien el gorro y se dio cuenta de que había un trocito de tela que no estaba desgastado. Lo cortó y con él se hizo un botón muy especial. Era un botón muy bonito, y estaba muy orgulloso de él. Se lo ponía cuando hacía frío y cuando hacía calor. Se lo ponía dentro y fuera de casa. Se lo ponía todos los días, hasta que se desgastó. O al menos eso creía él.
	Entonces miró bien el botón y se dio cuenta de que quedaba lo suficiente para hacer un cuento. Así que el sastre contó este cuento a la gente del pueblo como yo os lo he contado a vosotros.

Hay muchas maneras de reciclar las cosas viejas en lugar de tirarlas.

Consejos para narrar la historia

◎ Este cuento se puede contar con accesorios de franela. Para ello necesitarás una chaqueta, un abrigo, un chaleco, un gorro y un botón. Utiliza el mismo tipo de tejido (fieltro, paño, franela, lana) para todas las piezas. Después de narrar el cuento, los niños pueden volver a contarlo con las prendas de franela.

◎ Puesto que hoy en día la mayoría de los niños no saben muy bien qué es un sastre, antes de contar el cuento puedes explicarles qué hacen los sastres.

◎ A lo largo del cuento se repite con frecuencia la palabra «desgastado». Si los niños no comprenden este término, explícales que significa deteriorado, raído, usado, arrugado, etc.

◎ Al repetir la frase «Entonces miró bien el...», recalca las palabras para demostrar cómo examinó el sastre la tela. Cuando digas que encontró un trozo de tela que no estaba desgastado, habla más rapido y con entusiasmo para expresar lo contento que se puso.

Preguntas

◎ ¿Cómo consiguió el sastre la tela para hacerse el abrigo?

◎ ¿Qué otras cosas podía haber hecho con la tela que compró?

◎ Si sólo tuvieras un trozo pequeño de tela, ¿qué harías?

DISFRACES

Materiales

Caja o maleta

Sombreros, guantes, chalecos, chaquetas, bufandas, orejeras, pantalones, camisas y otras prendas que se puedan poner los niños

Espejo de cuerpo entero (opcional)

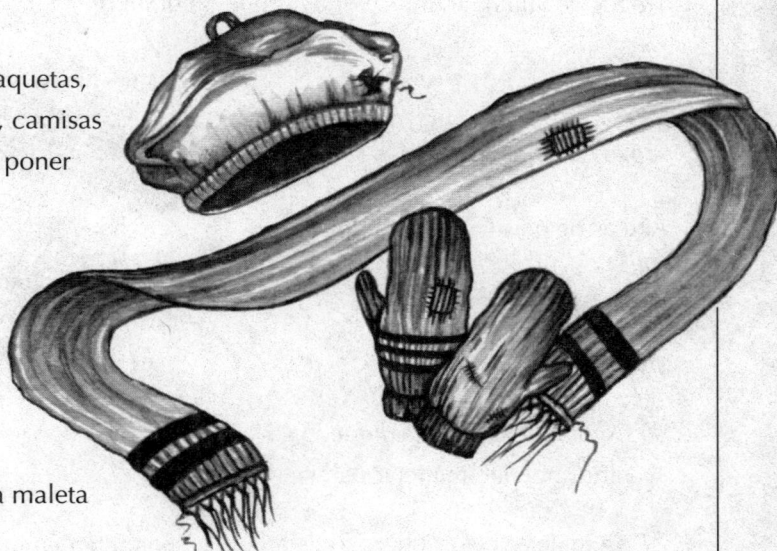

Pasos a seguir

🌀 Muestra a los niños la caja o la maleta llena de ropa.

🌀 Anímales a que miren la ropa, se la prueben y hagan juegos de simulación.

🌀 Pregúntales si hay prendas desgastadas. Si es así, ¿cuáles? ¿Cómo lo saben? ¿Se puede reutilizar alguna de ellas?

🌀 Separa la ropa en grupos, por ejemplo en ropa *nueva*, *desgastada* y *reciclada*.

COSIENDO COMO UN SASTRE

Materiales

Trozos de tela de trama abierta (arpillera, tul, lino)

Tijeras

Trozos de lana de colores vivos

Agujas de plástico con ojo grande

Pasos a seguir

🌀 Corta la tela en trozos que los niños puedan manejar con facilidad.

🌀 Anímales a elegir un trozo de tela y de lana. Pueden intentar enhebrar la lana en la aguja. No olvides hacer un nudo grande en el extremo de cada hebra.

🌀 Diles que cosan figuras en la tela. Los más pequeños se limitarán a meter y sacar la aguja, pero los más mayores pueden coser varios trozos de tela o componer alguna de las prendas que se mencionan en el cuento.

🌀 Exhibe las creaciones para que todos disfruten con ellas.

Jack el Perezoso

EN ESTE CUENTO INGLÉS, UN MUCHACHO MUY VAGO INTENTA GANARSE LA VIDA, PERO COMETE MUCHOS ERRORES TONTOS. CON UNO DE ELLOS CONSIGUE HACER REÍR A UNA JOVEN ENFERMA, Y A CAMBIO RECIBE UNA MAGNÍFICA RECOMPENSA.

Simula que estás tejiendo.

Érase una vez una mujer muy pobre que vivía en una pequeña choza. El poco dinero que tenía se lo ganaba tejiendo. Tejía a todas horas hasta que anochecía. Pero aunque trabajaba mucho seguía teniendo muy poco dinero.

Estírate, bosteza y luego cierra los ojos.

La mujer tenía un hijo llamado Jack, que vivía con ella en la choza. Jack era tan vago que se pasaba el día sentado junto al fuego. Nunca hacía nada. No tenía trabajo. Todo el mundo le llamaba «Jack el perezoso».

La mujer comenzó a enfadarse con Jack, porque siempre estaba sentado junto al fuego sin trabajar para comprar comida ni hacer nada útil.

Mueve el dedo como si estuvieras regañando a alguien.

Un día, cuando ya no pudo aguantar más, le dijo: «Jack, tienes que trabajar. Tienes que ayudar a pagar la comida. Si no vas a trabajar tendrás que marcharte de casa y buscarte la vida».

Al día siguiente Jack salió de casa y encontró trabajo en una granja. Cuando terminó la jornada le dieron un céntimo. Como nunca había trabajado, jamás había tenido dinero, y no sabía qué hacer con él.

Pon cara de enfado.

Para volver a casa tenía que cruzar un puente. En el puente se resbaló y dejó caer el céntimo, que se cayó al río y desapareció para siempre. Cuando llegó a casa y le contó a su madre lo que había ocurrido, ella dijo: «Qué tonto eres. Deberías haberlo guardado en el bolsillo».

«Lo haré la próxima vez», dijo Jack.

RICOS Y POBRES

Al día siguiente Jack encontró otro trabajo, esta vez en una lechería. Cuando terminó la jornada el lechero le dio a Jack una jarra de leche. Jack se acordó de lo que le había dicho su madre, y se metió el cuello de la jarra en el bolsillo. Para cuando llegó a casa se había caído toda la leche.

Mira hacia abajo con repugnancia.

«Qué tonto eres», dijo su madre. «Deberías haber traído la jarra de leche sobre la cabeza.»

«Lo haré la próxima vez», dijo Jack.

Al día siguiente Jack encontró trabajo en una tienda de quesos. Cuando terminó la jornada la dueña de la tienda le pagó con un gran queso redondo. Jack se acordó de lo que le había dicho su madre, y se puso el queso sobre la cabeza. Pero hacía tanto calor que para cuando llegó a casa el queso se había derretido y le caía por la cara.

Límpiate la cara.

Cuando su madre lo vio dijo: «Qué tonto eres. Deberías haber traído el queso en las manos».

«Lo haré la próxima vez», dijo Jack.

Al día siguiente Jack trabajó en una panadería, y cuando terminó la jornada el panadero le dio un gato viejo. Jack se acordó de lo que le había dicho su madre e intentó agarrarlo con las manos. Pero el gato le arañó y se le escapó. Cuando llegó a casa le contó a su madre lo que había ocurrido con el gato.

Simula que sueltas un gato.

Ella dijo: «Qué tonto eres. Deberías haberlo traído atado con una cuerda».

Jack dijo: «Lo haré la próxima vez».

JACK EL PEREZOSO

Al día siguiente Jack encontró trabajo en una carnicería. Se pasó todo el día cortando y empaquetando carne, y cuando terminó la jornada el carnicero le dio un jamón. Jack lo cogió, lo ató con una cuerda y lo llevó arrastras a casa. Para cuando llegó el jamón estaba estropeado y cubierto de tierra.

Simula que arrastras un jamón.

No podían comer aquel jamón que Jack había arrastrado por el suelo. «Qué tonto eres. Deberías haberlo traído en el hombro», le gritó su madre.

Jack dijo: «Lo haré la próxima vez».

Al día siguiente, que era sábado, Jack trabajó en una cuadra con burros y caballos. Trabajó tanto que al terminar la jornada le dieron un burro. Jack se acordó de lo que le había dicho su madre e intentó cargar el burro a hombros. Pesaba mucho, pero después de varios intentos lo consiguió y comenzó a caminar despacio con el burro sobre los hombros.

Simula que levantas un burro.

Por el camino pasó por delante de una casa muy bonita en la que vivía un hombre rico con su hija, que estaba muy enferma. No se había reído nunca. Los médicos le habían dicho al padre que sólo se curaría si se reía. Lo había intentado mucha gente, pero nadie había conseguido hacerla reír ni sonreír.

Pon cara de tristeza.

La joven estaba mirando por la ventana cuando pasó Jack, y vio que tenía problemas para sujetar al burro sobre los hombros. Al burro no le hacía ninguna gracia que lo llevaran boca abajo, y comenzó a dar coces y a rebuznar con todas sus fuerzas.

Pon cara de sorpresa.

RICOS Y POBRES

Era lo más divertido que había visto en su vida. Se echó a reír a carcajadas, y la risa hizo que se curara inmediatamente.

Señala con el dedo y ríete.

Su padre se alegró tanto que le regaló a Jack mucho dinero y una casa muy grande. Ahora Jack vive en esa casa con su madre, y sigue haciendo reír a la bella joven.

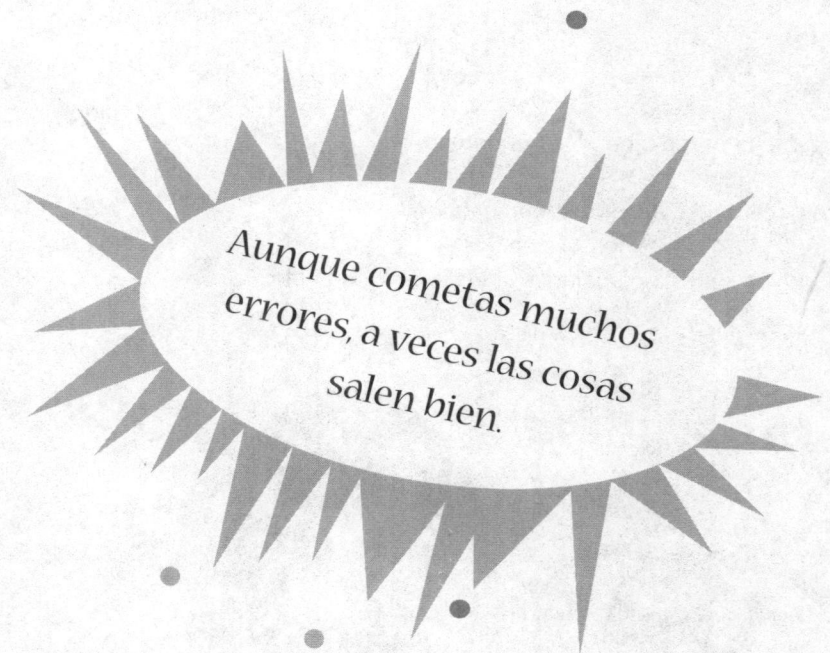

Aunque cometas muchos errores, a veces las cosas salen bien.

Consejos para narrar la historia

- La madre de Jack está más furiosa cada vez que su hijo vuelve a casa. Al contar el cuento expresa con el tono de voz que su enfado es cada vez mayor cuando le dice lo que debería haber hecho.

- Cuando Jack responde a su madre «Lo haré la próxima vez», usa un tono resignado y un poco triste.

- Para que la escena en la que Jack lleva al burro sobre los hombros resulte más graciosa, mueve los brazos para demostrar cómo da coces el burro e incluye unos cuantos rebuznos.

Preguntas

- ¿Por qué llamaba la gente al muchacho «Jack el perezoso»?

- ¿Qué trabajos intentó hacer Jack? ¿Con qué le pagaban?

- ¿Por qué crees que la joven se rió a carcajadas al ver a Jack con el burro?

TRABAJOS PARA JACK

Materiales

Fotografías en las que haya gente trabajando (un granjero, un carnicero, un panadero y otras ocupaciones que se mencionen en el cuento o que los niños puedan conocer)

Papel y bolígrafo o grabadora y cinta

Pasos a seguir

🌀 Habla de los trabajos que encuentra Jack en el cuento.

🌀 Comenta las fotografías con los niños.

🌀 Anímalos a inventar otra historia en la que Jack tenga diferentes ocupaciones y a decidir qué van a pagarle por su trabajo.

🌀 Escribe la historia mientras la vayan contando o grábala.

CUENTO ILUSTRADO

Materiales

Papel de dibujo

Pinturas y rotuladores

Tijeras

Cola

Rollo de papel de envolver

Pasos a seguir

🌀 Revisa con los niños las secuencias del cuento.

🌀 Invita a cada uno a hacer un dibujo de cada episodio.

🌀 Anímalos a recortar sus dibujos.

🌀 Cuando hayan acabado todos los dibujos deja que decidan en qué orden van en el cuento.

🌀 Diles que los peguen en ese orden en el rollo de papel.

🌀 Anímalos a «leer» el cuento desenrollando el papel y mirando los dibujos.

La Olla Parlante

EN ESTA VERSIÓN DE UN CUENTO POPULAR DANÉS, UN HOMBRE POBRE CAMBIA SU VACA POR UNA OLLA MÁGICA QUE LES PROPORCIONA A ÉL Y A SU MUJER UNA INMENSA FORTUNA.

Érase una vez una pareja muy pobre que no tenía nada para comer y sólo poseía una vaca flaca. Tenían tanta hambre que decidieron vender la vaca para comprar algo de comida. Así que el hombre ató una cuerda alrededor del cuello de la vaca y se encaminó hacia el mercado.

Usa un tono de voz animado y cordial.

Poco después se encontró por el camino con un desconocido que le preguntó: «Buen hombre, ¿vas al mercado a vender tu hermosa vaca?».

«Sí», respondió el hombre pobre, aunque él no creía que su vaca fuera hermosa.

«¿Quieres comprarme la vaca?», le preguntó pensando que quizá podría ahorrarse la caminata hasta el mercado.

«No tengo dinero, pero podemos hacer un intercambio», dijo el desconocido. «¿Quieres cambiar tu vaca por esta olla mágica?»

Pon cara de duda.

El hombre miró la olla, que era bastante corriente. Era una olla grande de hierro como muchas otras que había visto. «No, tengo que vender la vaca. Necesito dinero para comprar comida», respondió.

«Si me llevas contigo no te arrepentirás», dijo la olla.

Pon cara de asombro.

El hombre se quedó sorprendido al oír hablar a la olla y pensó que quizá por eso era mágica. Así que cambió su vaca por la olla y al regresar a casa la puso en el establo, donde estaba antes la vaca.

Cuando entró en casa, su mujer le preguntó: «¿Cuánto dinero te han dado por la vaca? ¿Has comprado comida?».

«No, pero he conseguido algo extraordinario», contestó, y llevó a su mujer al establo para que viera la olla.

Usa un tono de voz efusivo.

«¿Cómo se te ha ocurrido cambiar nuestra hermosa vaca por una simple olla de hierro?», gritó ella.

Cuando el hombre estaba a punto de explicárselo, dijo la olla: «Límpiame, sácame brillo y cuélgame junto al fuego».

Simula que sacas brillo a una olla.

La mujer se quedó pasmada, y pensó que después de todo una olla parlante podría tener valor. Así que la limpió, le sacó brillo y la colgó junto al fuego.

A la mañana siguiente la olla dijo: «Me voy, me voy», y salió por la puerta de la choza de la pareja pobre. Tras atravesar colinas y valles llegó a la casa del hombre rico. Entró en la cocina, donde estaba su mujer haciendo su pudín favorito, y subió a la mesa de un salto.

Al ver la olla sobre la mesa, la mujer rica dijo: «Esta olla tiene un tamaño perfecto para mi pudín favorito». Troceó unas nueces y unas pasas y las añadió al pudín.

Simula que troceas algo.

Cuando el pudín estuvo hecho dijo la olla: «Me voy, me voy», y salió por la puerta.

La mujer rica dijo: «¿Adónde vas con mi pudín favorito?».

Pon cara de enfado.

«Me voy por colinas y valles a la choza de la pareja pobre, que vive camino arriba», dijo antes de marcharse.

LA OLLA PARLANTE

Cuando llegó a la casa de la pareja pobre los dos comieron el delicioso pudín y le dieron las gracias. Después la mujer pobre limpió la olla, le sacó brillo y la colgó junto al fuego.

Sonríe y pásate la mano por el estómago.

A la mañana siguiente dijo la olla: «Me voy, me voy», y salió por la puerta de la choza. Tras atravesar colinas y valles llegó al granero del hombre rico, donde estaban sus trabajadores guardando el trigo para el invierno. Al verla en medio del granero, los trabajadores pensaron que tenía un tamaño perfecto para guardar el trigo, y comenzaron a echar trigo en la olla con palas hasta que el granero se quedó vacío.

Simula que echas algo con una pala.

Cuando la olla estuvo llena de trigo dijo: «Me voy, me voy», y salió por la puerta del granero.

Los trabajadores dijeron: «¿Adónde vas con el trigo de nuestro amo?».

«Me voy por colinas y valles al granero de la pareja pobre, que vive camino arriba», dijo antes de marcharse.

Inclina la cabeza y sonríe.

Cuando llegó al granero del hombre pobre comenzó a descargar trigo hasta llenarlo por completo. Había suficiente trigo para dos años, y el hombre y la mujer pobres se lo agradecieron. La mujer limpió la olla, le sacó brillo y la colgó junto al fuego.

A la mañana siguiente la olla dijo: «Me voy, me voy», y salió por la puerta de la choza. Tras atravesar colinas y valles llegó a la oficina del hombre rico, donde estaba él contando su dinero, y subió a la mesa de un salto.

Al ver la olla encima de la mesa, el hombre rico dijo: «Esta olla tiene el tamaño perfecto para guardar algunas monedas de oro», y comenzó a echar en ella puñados de monedas hasta que se le acabaron.

Simula que coges puñados de monedas.

Cuando la olla estuvo llena de oro, dijo: «Me voy, me voy», y salió por la puerta de la oficina.

El hombre rico se levantó y gritó: «Espera un momento. ¿Adónde vas con mis monedas de oro?».

Agita los puños.

> «Me voy por colinas y valles a la choza de la pareja pobre, que vive camino arriba», dijo antes de marcharse.

Cuando la olla llegó a la casa de la pareja pobre echó las monedas de oro sobre la mesa. Había suficiente oro para que jamás volvieran a ser pobres, y se lo agradecieron. La mujer pobre limpió la olla, le sacó brillo y la colgó junto al fuego.

A la mañana siguiente la olla dijo: «Me voy, me voy», y salió por la puerta de la choza de la pareja pobre. Tras atravesar colinas y valles llegó a la casa del hombre que había sido rico. Cuando el hombre la vio dijo vociferando: «¡Malvada olla! Has robado el pudín favorito de mi mujer, el trigo de mi granero y el oro que estaba contando».

> «Me voy, me voy», dijo la olla.

«Por mí como si te vas al Polo Norte», dijo el hombre que había sido rico. Y con estas palabras la olla le agarró del brazo y se puso en marcha hacia el Polo Norte.

Agita los puños.

LA OLLA PARLANTE

Si ves alguna vez una olla caminando, es probable que se dirija al Polo Norte. Y recuerda que el hombre que va con ella fue rico hace tiempo.

Comparte lo que tienes con la gente menos afortunada.

Consejos para narrar la historia

- Pon una voz muy triste al principio del cuento, cuando el hombre pobre tiene que vender la vaca.

- Usa un tono de voz melodioso para la olla. Di «Me voy, me voy» cantando o con ritmo.

- Enseña a los niños un gesto, por ejemplo dos dedos que caminan, para que lo hagan cuando oigan la expresión «Me voy».

- Usa un tono de voz enfadado para la mujer pobre y otro distinto para el hombre rico.

- Al final del cuento acércate a los niños y di: «Si ves alguna vez...».

Preguntas

- ¿Por qué crees que el hombre cambió su vaca por la olla?

- ¿Crees que el hombre rico habría ayudado al hombre pobre y a su mujer si se lo hubieran pedido?

- ¿Has ayudado alguna vez a alguien que necesitara ayuda?

INTERCAMBIOS

Materiales

Utensilios domésticos o material de oficina

Juguetes

Pasos a seguir

🌀 Intercambia con los niños algo con lo que les guste jugar por algún objeto doméstico o material de oficina.

🌀 Haz intercambios a lo largo del día. Por ejemplo puedes cambiar medio sándwich por una manzana y cosas similares.

🌀 Anima a los niños a intercambiar tareas.

PUDÍN EN UNA OLLA

Materiales

Mezcla para pudín

Pasas

Nueces

Olla para mezclar

Jarra y cucharas con medidas

Cuencos y cucharas

Pasos a seguir

🌀 Lee las instrucciones del paquete de pudín con los niños.

🌀 Pídeles que te ayuden a mezclar el pudín en la olla.

🌀 Diles que añadan pasas y nueces troceadas como en el cuento.

🌀 Sirve el pudín y comedlo juntos.

LA OLLA PARLANTE

El Pescador y su Mujer

ESTA ADAPTACIÓN DE UN CUENTO
DE LOS HERMANOS GRIMM TRATA
DE UN PEZ MÁGICO QUE CONCEDE
A UN PESCADOR Y A SU MUJER
MUCHOS DESEOS HASTA QUE
LE PIDEN DEMASIADO.

Érase una vez un pescador que vivía con su mujer en una cabaña en lo alto de una colina. El pescador bajaba todos los días al mar para pescar. Unos días cogía muchos peces, y otros no pescaba nada.

Simula que lanzas una caña de pescar.

Un día, tras estar muchas horas pescando sin coger nada, de repente notó un tirón muy fuerte en la caña. Después de enrollar el sedal y tirar un buen rato consiguió sacar un pez enorme. El pescador estaba muy contento, y para su sorpresa el pez comenzó a hablar.

Simula que sacas del agua un pez.

Abre la boca como si estuvieras sorprendido.

El pez suplicó: «No me cojas, por favor. No tendré muy buen sabor porque soy un pez mágico. Por favor, vuelve a echarme al agua para que me vaya nadando».

Usa un tono de súplica.

El hombre dijo: «Si puedes hablar tienes que ser un pez muy especial. Volveré a echarte al agua para que te vayas nadando».

Simula que echas un pez al agua.

El pescador volvió a la cabaña en lo alto de la colina y le contó a su mujer que había pescado un pez mágico que hablaba. Y le explicó que como era tan especial había vuelto a echarlo al agua.

Su mujer se enfadó mucho y dijo: «Si era un pez mágico y podía hablar, ¿por qué no le has pedido un deseo?».

Ponte las manos en las caderas y usa un tono de voz severo.

El hombre se encogió de hombros. «No le he pedido nada porque no quiero nada especial», respondió.

Encoge los hombros.

La mujer dijo con aspereza: «¿Vivimos en una cabaña miserable y no se te ocurre nada que pedir? Vuelve al mar y dile al pez mágico que quieres una casa».

EL PESCADOR Y SU MUJER

Ponte las manos alrededor de la boca cuando llames al pez.

Así que el pescador volvió al mar y llamó: «Pez mágico, pez mágico, tenemos un deseo».

El pez mágico subió a la superficie del agua y preguntó: «¿Cuál es tu deseo?».

Usa un tono de voz grave cuando hable el pez.

«Mi mujer no quiere seguir viviendo en una cabaña miserable. Le gustaría vivir en una casa.»

El pez mágico dijo: «Regresa a la colina para ver qué encuentras».

Usa un tono de voz severo.

Cuando el pescador regresó se encontró con una casa muy bonita que tenía una sala de estar, un dormitorio y una cocina. Detrás había un pequeño jardín con patos y gallinas. Él y su mujer estaban muy contentos porque les gustaba mucho la casa. Pero al cabo de una semana la mujer le dijo a su marido: «Esta casa es demasiado pequeña. No tenemos sitio para todo, y el jardín es muy pequeño. El pez mágico podría habernos dado una casa mucho más grande. Vuelve y pídele un castillo».

El hombre no quería volver, pero su mujer insistió. Cuando llegó al mar llamó: «Pez mágico, pez mágico, tenemos un deseo».

El pez subió a la superficie del agua y preguntó: «¿Cuál es tu deseo?».

Habla con tono avergonzado.

El pescador dijo: «Mi mujer dice que la casa es muy pequeña y quiere un castillo».

«Vuelve a casa para ver qué encuentras», dijo el pez mágico.

Cuando el pescador regresó se encontró con un enorme castillo en lo alto de la colina. Su mujer le invitó a entrar para que lo viera. Dentro había muchos salones, comedores, cocinas y quince dormitorios con baño. Todas las habitaciones estaban llenas de muebles cubiertos de oro. En la parte trasera había un prado muy grande con vacas y caballos, y delante del castillo, un magnífico jardín.

El hombre dijo: «Esto es fantástico. En este maravilloso castillo podremos vivir muy felices».

Usa un tono de voz eufórico y extiende los brazos.

Al día siguiente la mujer se levantó temprano y miró el castillo y los campos. Luego despertó a su marido y le dijo: «Deberías ser el rey de esta región». El pescador le explicó que no quería ser rey.

Ella dijo: «Si tú no quieres ser rey, entonces yo seré la reina. Vete a decirle al pez que quiero ser la reina del castillo».

Usa un tono de voz autoritario.

El hombre fue despacio al mar. No quería pedirle al pez que convirtiera a su mujer en reina, pero llamó: «Pez mágico, pez mágico, tenemos un deseo».

Baja la cabeza y pon cara de tristeza.

El pez subió a la superficie del agua y preguntó: «¿Cuál es tu deseo?».

El hombre vaciló y luego dijo: «Mi mujer quiere ser la reina del castillo».

Habla con tono avergonzado.

El pez respondió: «Vuelve a casa para ver qué encuentras».

Cuando regresó se quedó sorprendido al ver que el castillo era más grande que antes. Estaba detrás de unas impresionantes verjas doradas protegidas por unos soldados con uniformes rojos. Dentro había suelos de mármol y paredes cubiertas de oro. En un salón enorme estaba su mujer sentada en un trono dorado, con una corona de diamantes y rubíes en la cabeza y una capa de terciopelo ribeteada de piel blanca sobre los hombros.

Pon cara de asombro.

El hombre dijo: «Ahora que eres reina y posees un precioso castillo, jardines, caballos y soldados tienes todo lo que podrías desear».

La mujer pensó un poco y dijo: «Quiero algo más. Me gustaría ser la soberana del universo». El hombre se quedó muy triste. No podía creer que su mujer quisiera más cosas aún. No quería pedir nada más al pez mágico, pero ella insistió.

Usa un tono de voz autoritario.

Así que volvió despacio al mar. Esta vez el agua no estaba clara y azul como otras veces. Estaba negra, con muchas olas, y soplaba un fuerte viento que movía los árboles.

El hombre llamó: «Pez mágico, pez mágico, tenemos un deseo».

Pon una voz nerviosa.

El pez mágico no apareció, así que volvió a llamar: «Pez mágico, pez mágico, tenemos un deseo».

Dilo en voz más alta.

El pez mágico seguía sin aparecer, así que volvió a llamar: «Pez mágico, pez mágico, tenemos un deseo».

Dilo en voz aún más alta.

El pez mágico subió despacio a la superficie del agua y preguntó: «¿Qué queréis ahora?».

Usa un tono enfadado.

RICOS Y POBRES

«Mi mujer quiere ser la soberana del universo», dijo el hombre.

El pez respondió: «Vuelve a casa para ver qué encuentras».

Cuando el hombre regresó ya no había soldados, ni caballos, ni vacas, ni jardín ni castillo. Sólo quedaba una cabaña miserable en lo alto de la colina, en la que siguen viviendo el pescador y su mujer.

Mueve la cabeza de un lado a otro.

Aprovecha al máximo lo que tienes.

Consejos para narrar la historia

- Canta o tararea la frase «Pez mágico, pez mágico, tenemos un deseo» cada vez que llames al pez. Si la tarareas usa una pauta rítmica. Cuando la repitas, anima a los niños a cantarla contigo para ver si comprenden esa secuencia del cuento.

- Cada vez que la mujer pida un nuevo deseo cambia el tono de voz para demostrar que al pescador no le agrada pedir al pez otro favor.

- Gira la mano hacia arriba cuando el pez mágico salga del agua. Así los niños «verán» mejor al pez, y con este gesto podrán participar de una forma activa.

- Anima a los niños a llamar al pez mágico un poco más alto cada vez.

- Para crear un efecto dramático al final del cuento, haz una pausa antes de decir: «Sólo quedaba una cabaña miserable en lo alto de la colina».

Preguntas

- ¿Qué cosas quería la mujer del pescador que les diera el pez?

- ¿Por qué crees que pedía tantas cosas?

- ¿Qué le pedirías tú al pez mágico?

PEZ MÁGICO DE PAPEL

Materiales

Cartulina

Papel celofán, de regalo, de aluminio y de seda

Trozos de tela

Tijeras

Pinturas o rotuladores

Brillo

Cola

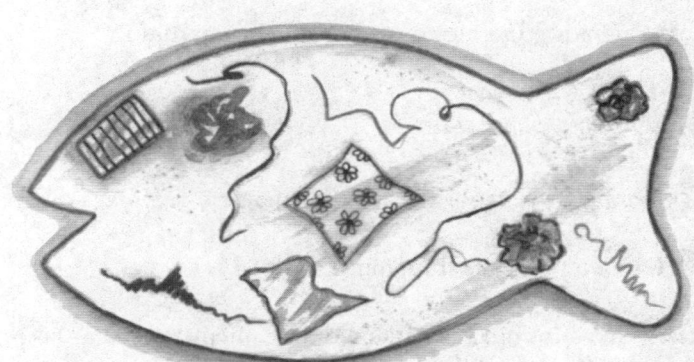

Pasos a seguir

◎ Comenta con los niños qué aspecto podría tener un pez mágico.

◎ Anímales a recortar un pez en uno de los materiales y a decorarlo.

◎ Exhibe los peces mágicos para que todos disfruten con ellos.

FRASE MUSICAL

Materiales

Papel

Rotuladores

Instrumentos musicales u objetos que hagan ruido

Pasos a seguir

🌀 Escribe en el papel la frase «Pez mágico, pez mágico, tenemos un deseo».

🌀 Canta o tararea la frase musical.

🌀 Anima a los niños a cantar contigo mientras señalas las palabras.

🌀 Diles que acompañen la melodía con palmadas, palos rítmicos, tambores, cucharas o campanillas.

2

Una buena acción merece una recompensa

EL LEÓN Y EL RATONCITO	48
EL NABO GIGANTE	57
LA GALLINITA ROJA	64
LOS DUENDES Y EL ZAPATERO	74
LA GRULLA BLANCA	86

El león y el ratoncito

EN ESTE CUENTO INSPIRADO EN UNA FÁBULA DE ESOPO, UN LEÓN QUE NO HACE DAÑO A UN RATONCITO RECIBE A CAMBIO UN FAVOR.

48

UNA BUENA ACCIÓN MERECE UNA RECOMPENSA

Había una vez un poderoso león que era el rey de la selva. Corría por donde quería, comía lo que quería y dormía donde quería.

Pon cara de orgullo.

Nadie molestaba al león. Ni los monos, ni las cebras, ni los búfalos, ni las jirafas molestaban al león. Ni siquiera los elefantes se atrevían a molestarlo.

Un día, un ratoncito volvía corriendo a su pequeña madriguera. Tenía tanta prisa que no miraba por dónde iba, y pasó por encima de la zarpa del león, que estaba durmiendo. Al pasar sobre ella le hizo cosquillas, y el león se despertó. Levantó su enorme zarpa y cogió al ratoncito por la cola.

Da un manotazo.

«Vaya, vaya, ¿qué tenemos aquí?», dijo el león con una voz atronadora.

«Por favor, gran león, suéltame. No me hagas daño. Sólo soy un diminuto ratoncito».

Pon una voz aguda cuando hable el ratón.

«Para mí sólo eres un pequeño bocado muy suculento», bramó el león.

«Por favor, gran león, déjame marchar. Si me sueltas algún día yo te haré un favor», dijo el ratoncito.

Junta las manos como si estuvieras suplicando.

«¿Un favor a mí?», dijo el león riéndose. «No creo que un león poderoso como yo necesite que un pequeño ratón como tú le haga nunca un favor, pero como no tengo mucha hambre te soltaré.» Y levantó su enorme zarpa.

EL LEÓN Y EL RATONCITO

El ratoncito se fue tan rápido como pudo, pero mientras corría le gritó al león: «Siempre cumplo mis promesas. Algún día haré algo bueno por ti. Te haré un favor».

Simula que duermes.

Pero el león estaba ya durmiendo y roncando y no oyó al ratoncito. Desde ese día el ratoncito tuvo mucho cuidado para mantenerse alejado de los leones que dormían.

Ponte la mano en la oreja.

Simula que das zarpazos.

Poco después de que el león le perdonara la vida, el ratoncito creyó oír algo a lo lejos. Parecía el rugido del león. Efectivamente, el león estaba rugiendo. Había caído en una trampa y estaba retorciéndose y dando zarpazos para intentar liberarse. Pero cuanto más se retorcía y se revolcaba más se enredaba en las cuerdas de la trampa.

Simula que te ríes.

El león rugió para pedir ayuda a los demás animales. Primero fueron los monos para ver qué sucedía. Pero cuando vieron al león en la trampa se echaron a reír y siguieron columpiándose en los árboles sin dejar de chillar.

Simula que te ríes.

El león rugió para pedir ayuda a los demás animales. Luego fueron las cebras para ver qué sucedía. Pero cuando vieron al león en la trampa se echaron a reír y se marcharon trotando para seguir pastando.

Simula que te ríes.

El león rugió para pedir ayuda a los demás animales. Luego fueron los búfalos para ver qué sucedía. Pero cuando vieron al león en la trampa se echaron a reír y volvieron a la charca para seguir bebiendo.

El león rugió para pedir ayuda a los demás animales. Luego fueron las jirafas para ver qué sucedía. Pero cuando vieron al león en la trampa se echaron a reír y se marcharon para seguir comiendo hojas de las copas de los árboles.

Simula que te ríes.

El león rugió para pedir ayuda a los demás animales. Luego fueron los elefantes para ver qué sucedía. Pero cuando vieron al león en la trampa se echaron a reír y siguieron moviendo sus trompas para llevar a sus crías por el sendero.

Simula que te ríes.

El ratoncito fue todo lo rápido que pudo hacia donde estaba el león. Por el camino vio a los monos columpiándose en los árboles. Vio a las cebras que estaban pastando. Vio a los búfalos que estaban junto a la charca. Vio a las jirafas comiendo hojas de las copas de los árboles. Vio a los elefantes que llevaban a sus crías por el sendero.

Simula que te ríes.

Cuando el ratoncito llegó por fin donde estaba el león y le vio en la trampa no se rió de él.

Pon cara de preocupación.

Le dijo que estuviera tranquilo y no se moviera. Luego comenzó a roer y a mordisquear hasta que consiguió romper una cuerda. Después siguió royendo cuerdas hasta que hizo un agujero por el que pudo escapar el león.

Simula que roes.

El ratoncito dijo: «Yo siempre cumplo mis promesas. Te prometí que un día haría algo bueno por ti. Te prometí que si me soltabas te haría un favor».

El león puso su enorme zarpa en el suelo y el ratoncito se subió encima. Luego el león subió al ratoncito sobre su lomo y se marcharon juntos.

Si ves alguna vez a un león durmiendo, busca a un ratoncito. Seguro que anda cerca.

Hasta las criaturas más pequeñas tienen algo que ofrecer.

Consejos para narrar la historia

- Usa una voz potente para el león y una voz chillona y asustada para el ratoncito.

- Ruge con fuerza y pide ayuda cuando el león esté atrapado en las cuerdas.

- Si los niños son muy pequeños, reduce el número de los animales que van a ver al león en la trampa para abreviar el cuento.

Preguntas

- ¿Crees que el ratoncito fue valiente? ¿Por qué?

- ¿Por qué crees que los demás animales no ayudaron al león?

- ¿Qué harías tú si encontraras al león en una trampa?

FAVORES

Materiales

Ninguno

Pasos a seguir

- Pide a los niños que recuerden cuándo les ha hecho alguien un favor. Por ejemplo, puede que un hermano les haya ayudado a recoger los juguetes o a colgar la ropa.

- Comenta cómo se ayuda la gente sin esperar nada a cambio.

- Explícales que a veces tenemos que devolver los favores.

- Anímalos a que piensen cómo pueden devolver un favor.

CUENTO CON DIBUJOS

Materiales

Fichas

Pinturas o rotuladores

Pasos a seguir

- Escribe el título del cuento, «El león y el ratoncito», en una ficha.

- Ayuda a los niños a recordar todos los animales que aparecen en el cuento: el león, el ratoncito, los monos, las cebras, los búfalos, las jirafas y los elefantes.

- Después de escribir sus nombres en fichas, dibújalos o pide a los niños que dibujen un animal en cada ficha.

- Mezcla las fichas de los animales que no ayudaron al león: los monos, las cebras, los búfalos, las jirafas y los elefantes.

- Pon las fichas boca arriba y vuelve a contar la historia siguiendo el orden en que aparezcan los animales.

ANDANDO COMO LOS ANIMALES

Materiales

Música de marcha

Magnetófono

Pasos a seguir

◎ Recuerda a los niños los animales que aparecen en el cuento: el ratoncito, el león, los monos, las cebras, los búfalos, las jirafas y los elefantes.

◎ Divide a los niños en grupos de animales según sus preferencias.

◎ Di a uno de cada grupo que ance como uno de esos animales y deja que los demás le imiten.

◎ Pon música de marcha y anima a los niños a que anden como los animales.

◎ Para la música y diles que elijan otro animal para imitarlo.

El Nabo gigante

EN ESTA HISTORIA BASADA EN UN CUENTO POPULAR RUSO, UNA FAMILIA INTENTA SACAR UN NABO GIGANTE DEL HUERTO, PERO NO LO CONSIGUEN HASTA QUE UN RATONCITO LES AYUDA A TIRAR.

Todas las primaveras el abuelo ponía un huerto junto a su casa. Una primavera decidió plantar una semilla de nabo.

El abuelo trabajaba todos los días en su huerto y miraba el nabo para ver si crecía. Lo regaba cuando estaba seco y arrancaba las malas hierbas que salían a su alrededor. Lo cuidaba a diario y el nabo fue creciendo cada vez más.

Un día decidió que había llegado el momento de arrancar el nabo, que se había convertido en un nabo gigante. Lo cogió por el tallo y tiró con todas sus fuerzas, pero era tan grande que no pudo arrancarlo.

Gruñe y simula que tiras.

Entonces llamó a su mujer: «Abuela, ayúdame a arrancar este nabo gigante». La abuela fue corriendo a ayudar a su marido. Le agarró por la cintura mientras él sujetaba el tallo del nabo. Luego tiraron con todas sus fuerzas, pero el nabo gigante no se movió.

Gruñe y simula que tiras.

Entonces la abuela llamó a su hija: «Ven a ayudarnos a arrancar el nabo».

La hija fue corriendo a ayudarlos. Agarró a la abuela por la cintura, que estaba agarrada a la cintura del abuelo, que sujetaba el tallo del nabo gigante. Tiraron juntos con todas sus fuerzas, pero el nabo gigante no se movió. Entonces la hija llamó a su hija: «Ven a ayudarnos a arrancar el nabo».

Simula que te limpias el sudor de la frente.

La niña fue corriendo a ayudarlos. Agarró a su madre, que estaba agarrada a la abuela, que agarraba al abuelo mientras éste sujetaba el tallo del nabo gigante. Tiraron juntos con todas sus fuerzas, pero el nabo gigante no se movió.

Pon cara de desaliento y mueve la cabeza de un lado a otro.

Entonces la niña llamó a su perro: «Ven a ayudarnos a arrancar el nabo gigante». El perro ladró entusiasmado y fue corriendo a ayudarlos.

El perro tiró del vestido de la niña, que agarraba a su madre, que estaba agarrada a la abuela, que agarraba al abuelo mientras éste sujetaba el tallo del nabo gigante. Tiraron juntos con todas sus fuerzas, pero el nabo gigante no se movió.

Simula que tiras con los brazos.

Entonces el perro llamó al gato, que fue corriendo a ayudarlos. El gato tiró del perro, que tiraba de la niña, que estaba agarrada a su madre, que agarraba a la abuela, que tiraba del abuelo mientras éste sujetaba el tallo del nabo gigante. Tiraron juntos con todas sus fuerzas, pero no ocurrió nada. El nabo no salió.

Jadea como si te hubieras quedado sin aliento.

Un ratoncito oyó todo el jaleo y fue a ver qué sucedía. «Yo os ayudaré», dijo.

Usa un tono de voz seguro.

El ratón tiró del gato, que tiraba del perro, que tiraba de la niña, que agarraba a su madre, que estaba agarrada a la abuela, que tiraba del abuelo mientras éste sujetaba el tallo del nabo. Tiraron juntos con todas sus fuerzas, y el nabo gigante salió por fin de la tierra.

Da palmadas de alegría.

Esa noche todos —el abuelo, la abuela, la madre, la niña, el perro, el gato y el ratoncito— celebraron una gran cena que prepararon con el nabo gigante.

Cuando hay que hacer algo difícil, hasta los más pequeños pueden colaborar.

UNA BUENA ACCIÓN MERECE UNA RECOMPENSA

Consejos para narrar la historia

- Enseña a los niños un nabo por si acaso alguno no ha visto nunca ninguno. También puedes hablar de otras verduras que crezcan en la tierra, para ampliar el tema.

- Esta historia es especialmente buena para contar porque es acumulativa. Repite la secuencia de los personajes que se vayan incorporando para ayudar a arrancar el nabo.

- Recalca bien la frase «Tiraron con todas sus fuerzas» para demostrar lo fuerte que tuvieron que tirar para sacar el nabo gigante.

- Después de cada intento haz una pausa para ver si el nabo se ha movido. Estas pausas irán creando expectación antes de llegar al clímax de la historia.

Preguntas

- ¿Cuántas personas y animales hicieron falta para arrancar el nabo gigante?

- ¿Por qué consiguió el ratoncito que el nabo acabara saliendo de la tierra?

- ¿A quién habrías pedido tú ayuda para tirar del nabo gigante? ¿Por qué?

DEGUSTACIÓN

Materiales

Verduras de distinto tipo (entre ellas un nabo)

Bandeja

Tabla para cortar y cuchillo

Pasos a seguir

◎ Prepara varias verduras que se puedan comer crudas y tengan buen sabor, por ejemplo zanahorias, pimientos verdes, apios y nabos.

◎ Deja que los niños te ayuden a lavar y cortar las verduras.

◎ Prueba con ellos las verduras y habla de las que sean parecidas y diferentes. Pregúntales cuáles les gustan y cuáles no.

ARRASTRE

Materiales

Una cuerda gruesa

Objetos que los niños puedan arrastrar con la cuerda

Pasos a seguir

- Ayuda a los niños a atar la cuerda alrededor de un baúl de juguete, un cubo de basura o una silla. (Busca un objeto que a uno solo le cueste arrastrar.)

- Anima a cada uno por separado a arrastrarlo sin ayuda.

- Sugiere que tiren dos personas de la cuerda para que vean que de esa forma es mucho más fácil. Si hay más niños o adultos pídeles que ayuden a tirar.

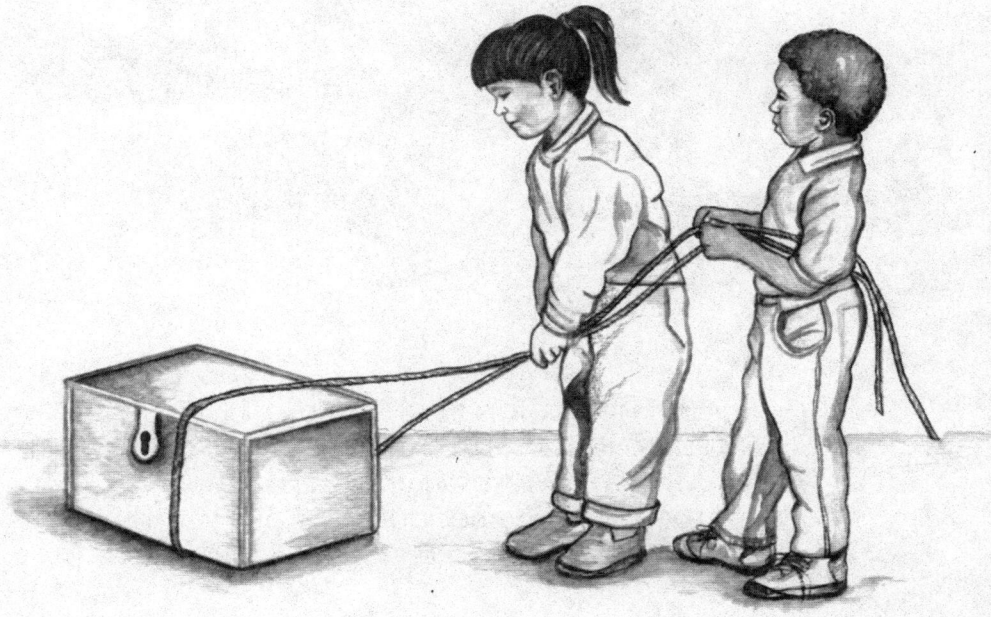

La Gallinita Roja

EN ESTA VERSIÓN DE UN FAMOSO
CUENTO NGLÉS, UNA GALLINITA ROJA
PIDE AYUDA A SUS AMIGOS, PERO
ÉSTOS SON TAN VAGOS QUE TIENE QUE
HACER ELLA TODO EL TRABAJO.

UNA BUENA ACCIÓN MERECE UNA RECOMPENSA

Érase una vez una gallinita roja que vivía junto a una granja con tres amigos: un perro, un gato y un ratón. Era una gallina muy trabajadora. Limpiaba su casa todos los días y también tenía un pequeño huerto.

Un día, mientras cuidaba su huerto, encontró unos cuantos granos de trigo que habían quedado de la cosecha del granjero. Se puso muy contenta y fue corriendo a decírselo a sus amigos.

En la puerta de su casa encontró a Beagle, un perro grande y gordo.

Beagle estaba tumbado en la entrada. Se pasaba casi todo el día durmiendo y soñando que perseguía conejos por el bosque. Pero nunca los perseguía. Lo único que hacía era dormir y soñar, soñar y dormir. Nunca se movía de su lugar favorito.

Simula que duermes.

Dentro, tumbado en el alféizar de la ventana, estaba Percales, un gato grande y gordo. Se pasaba casi todo el día dormitando y estirándose al sol.

Percales soñaba que perseguía ratones en el granero. Pero nunca los perseguía. Lo único que hacía era dormitar y estirarse, estirarse y dormitar. Nunca se movía de su lugar favorito.

Simula que dormitas y estírate.

LA GALLINITA ROJA

Simula que roes y echas una cabezada.	En la cocina, tumbado junto a la entrada de su ratonera, estaba el Ratón Gris. Se pasaba casi todo el día royendo y soñando que encontraba un enorme trozo de queso. Pero nunca buscaba nada. Lo único que hacía era roer y soñar, soñar y roer. Nunca se movía de su lugar favorito.
	La Gallinita Roja estaba tan contenta con los granos de trigo que entró corriendo en la casa, saltó sobre Beagle y cloqueó entusiasmada: «Mirad qué granos he encontrado. La tierra del huerto está lista para plantar. ¿Quién va a ayudarme a sembrar este trigo?».
Usa una voz somnolienta.	«Yo no», dijo Beagle dándose la vuelta antes de seguir durmiendo.
Simula que bostezas.	«Yo no», dijo Percales bostezando antes de seguir dormitando.
Cierra los ojos.	«Yo no», dijo el Ratón Gris moviendo los bigotes antes de seguir soñando.
	«Entonces lo haré yo», dijo la Gallinita Roja, y salió corriendo con la azada bajo el ala para plantar las semillas.
	Tardó varios días en plantar el trigo en el huerto. Luego lo regó, arrancó las malas hierbas y vio cómo iba creciendo. Un día, cuando el trigo estaba ya a punto, fue corriendo a casa muy contenta para decírselo a sus amigos. «¿Quién va ayudarme a recoger el trigo?», les preguntó.

UNA BUENA ACCIÓN MERECE UNA RECOMPENSA

«Yo no», dijo Beagle dándose la vuelta antes de seguir durmiendo.

«Yo no», dijo Percales bostezando antes de seguir dormitando.

«Yo no», dijo el Ratón Gris moviendo los bigotes antes de seguir soñando.

> «Entonces lo haré yo», dijo la Gallinita Roja, y salió corriendo para recoger el trigo.

Después de recoger la cosecha de trigo la Gallinita Roja volvió corriendo a casa muy contenta para decir a sus amigos que el trigo estaba listo para molerlo. «¿Quién va a ayudarme a moler el trigo?», les preguntó.

> «Yo no», dijo Beagle dándose la vuelta antes de seguir durmiendo.

> «Yo no», dijo Percales bostezando antes de seguir dormitando.

> «Yo no», dijo el Ratón Gris moviendo los bigotes antes de seguir soñando.

«Entonces lo haré yo», dijo la Gallinita Roja, y fue corriendo al molino para moler el trigo. Cuando volvió del molino entró corriendo en casa para decir a sus amigos que había convertido el trigo en harina. «¿Quién va a ayudarme a hacer un pan con esta harina»?, les preguntó.

Usa una voz somnolienta.

Simula que bostezas.

Cierra los ojos.

Usa una voz somnolienta.

Simula que bostezas.

Cierra los ojos.

Usa una voz somnolienta.	«Yo no», dijo Beagle dándose la vuelta antes de seguir durmiendo.
Simula que bostezas.	«Yo no», dijo Percales bostezando antes de seguir dormitando.
Cierra los ojos.	«Yo no», dijo el Ratón Gris moviendo los bigotes antes de seguir soñando.

«Entonces lo haré yo», dijo la Gallinita Roja, y fue corriendo a la cocina para hacer el pan.

Simula que olfateas.	Mientras el pan estaba en el horno, Beagle se despertó al oler su delicioso aroma y dejó de soñar. Se levantó de la entrada y fue a sentarse junto al horno para esperar a que estuviera listo el pan.
Simula que olfateas.	Al oler el apetitoso aroma del pan, Percales dejó de estirarse y dormitar. Bajó del alféizar de la ventana y fue a sentarse junto al horno para esperar a que estuviera listo el pan.
Simula que olfateas.	El Ratón Gris también olió el rico aroma del pan y dejó de roer y soñar. Se levantó de la entrada de la ratonera y fue a sentarse junto al horno para esperar a que estuviera listo el pan.
Simula que cortas pan y lo untas con mantequilla.	La Gallinita Roja sacó el pan caliente del horno, lo cortó en rebanadas y las untó con mantequilla. «¿Quién va ayudarme a comer este pan?», preguntó después.

«Yo», dijo Beagle.

«Yo», dijo Percales.

«Yo», dijo el Ratón Gris.

«No», dijo la Gallinita Roja. «No me habéis ayudado a plantar las semillas de trigo.

No me habéis ayudado a regar el trigo. No me habéis ayudado a recogerlo. No me habéis ayudado a molerlo. No me habéis ayudado a hacer el pan. Ahora no vais a ayudarme a comerlo.» Y se comió todo el pan ella sola.

Pero la siguiente vez que la Gallinita Roja les pidió ayuda, Beagle dejó de dormir y soñar y ayudó. Percales dejó de estirarse y dormitar y ayudó. Y el Ratón Gris dejó de roer y soñar y ayudó.

Ahora la Gallinita Roja cuida el huerto con sus amigos, y le encanta hacer pan con ellos.

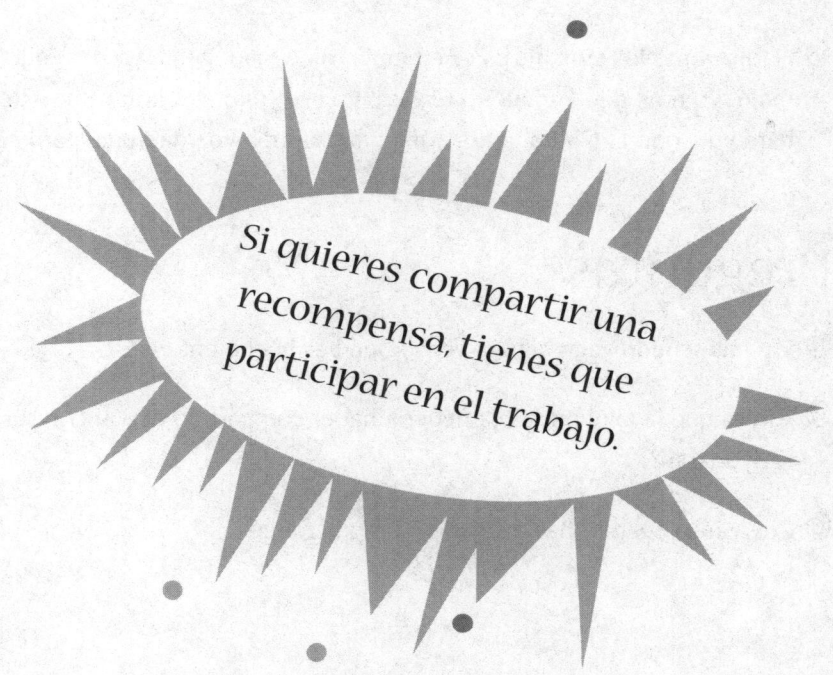

Si quieres compartir una recompensa, tienes que participar en el trabajo.

Consejos para narrar la historia

🌀 Haz gestos para imitar al perro que duerme, al gato que dormita y al ratón que roe.

🌀 Pon una voz alegre cuando digas que la gallinita era muy trabajadora.

🌀 Habla despacio cuando respondan el perro, el gato y el ratón para subrayar que son muy vagos. Usa un tono rápido y animado cuando la gallinita diga «Entonces lo haré yo».

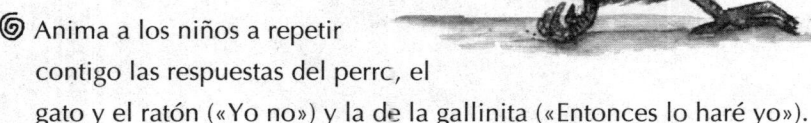

🌀 Anima a los niños a repetir contigo las respuestas del perro, el gato y el ratón («Yo no») y la de la gallinita («Entonces lo haré yo»).

🌀 Habla como los animales. Por ejemplo, di «Guau, guau, yo no», dijo Beagle. «Miau, miau, yo no», dijo Percales. «Cri, cri, yo no», dijo el Ratón Gris. «Clo, clo, entonces lo haré yo», dijo la Gallinita Roja. Intenta usar una voz diferente para cada personaje.

Preguntas

🌀 ¿Te has sentido vago alguna vez? ¿Qué has hecho entonces?

🌀 ¿Crees que la Gallinita Roja debería haber compartido el pan con sus amigos aunque no la ayudaran?

🌀 Cuéntanos cuándo has ayudado a preparar algo.

¿CÓMO ES EL TRIGO?

Materiales

Espigas de trigo (de una granja, una tienda de productos naturales o una panadería)

Cuenco metálico

Cuchara grande de metal

Pasos a seguir

🌀 Si vives en una zona rural pide a un granjero espigas de trigo, o compra trigo en una tienda de productos naturales o una panadería.

🌀 Enseña a los niños el trigo en su forma más pura.

🌀 Pon los granos en el cuenco y aplástalos con la cuchara para que los niños vean cómo se convierten en harina.

🌀 Deja que todos aplasten un poco de trigo.

VAMOS A RECORDAR

Materiales

Papel

Rotuladores

Pasos a seguir

🌀 Pide a los niños que te ayuden a recordar la historia. Ten en cuenta que los más pequeños no se acordarán de todos los detalles.

🌀 Anímalos a hacer un dibujo de cada personaje (la Gallinita Roja, Beagle, Percales, el Ratón Gris) o a escribir sus nombres en una hoja de papel.

🌀 Vuelve a contar el cuento y ayuda a los niños a colocar los dibujos de los personajes en el orden en que aparezcan.

EL PAN DE LA GALLINITA ROJA

Materiales

Hoja de papel

Rotulador

Paquete de masa para pan

Agua

Aceite vegetal

Cuenco

Horno

Batidora

Espátula

Jarra con medidas

Cucharas con medidas

Bandeja de horno

Tabla para pan

Pasos a seguir

- Resume las instrucciones para hacer pan que se incluyan en el paquete en la hoja de papel.

- Lee las instrucciones en voz alta.

- Anima a los niños a participar preguntándoles: «¿Quién va a ayudarme a medir la harina?». Ellos pueden responder: «Yo».

- Sigue midiendo los ingredientes y mezclando la masa con tus ayudantes.

- Hornea el pan.

- Pon el pan en la tabla para que los niños lo huelan y pregunta: «¿Quién va a ayudarme a comer este pan?».

Los duendes y el Zapatero

EN ESTA VERSIÓN DE UN CUENTO DE LOS HERMANOS GRIMM, DOS DUENDES MUY TRABAJADORES QUE HACEN UNOS ZAPATOS MUY FINOS AYUDAN A UN ZAPATERO POBRE Y A SU MUJER.

UNA BUENA ACCIÓN MERECE UNA RECOMPENSA

Había una vez un zapatero pobre que tenía una tienda en una calle muy concurrida por la que pasaba mucha gente rica. El zapatero vivía con su mujer y sus hijos encima de la pequeña tienda. Las damas y los caballeros ricos pasaban por delante de ella, pero no se paraban porque el pobre zapatero no tenía dinero para comprar el cuero que necesitaba para hacer muchos zapatos diferentes.

El pobre zapatero estaba muy triste porque sólo le quedaba cuero para hacer un par de zapatos. Alisó el cuero, buscó la horma que quería usar, enhebró una aguja afilada con hilo fuerte y lo puso todo en la mesa de trabajo. Cuando sonó el reloj supo que era la hora de subir a cenar. Así que el pobre zapatero dejó sus cosas sobre la mesa y dijo: «Lo haré mejor mañana a plena luz del día». **Pon cara de tristeza.**

Simula que enhebras una aguja.

El zapatero subió a su casa y cenó con su familia la sopa que su mujer había preparado con los últimos trozos de carne y verduras que había en el armario.

> El zapatero sabía que si no vendía los zapatos que iba a hacer al día siguiente su familia no tendría nada para comer.

Después de cenar él y su mujer metieron a sus dos hijos en la cama. Esa noche el zapatero soñó con el par de zapatos que haría al día siguiente con la esperanza de que alguien los viera y los comprara. **Bosteza y usa una voz somnolienta.**

Mientras tanto, abajo, en el taller del zapatero, había dos pequeños visitantes.

LOS DUENDES Y EL ZAPATERO

Dos duendes habían entrado en la tienda del zapatero y estaban haciendo zapatos. Les encantaba su trabajo, y mientras trabajaban reían, silbaban y cantaban.

Simula que coses.

Cogieron el cuero del zapatero y cortaron un nuevo diseño de zapatos muy elegante. Luego dieron forma al cuero, lo cosieron con puntadas muy finas y modelaron las puntas y los talones. Satisfechos con su trabajo, los duendes se marcharon justo antes de que amaneciera.

Frótate los ojos con cara de asombro.

A la mañana siguiente el zapatero se levantó pronto y bajó a la tienda cuando el sol comenzaba a entrar por la ventana. Entonces se frotó los ojos. No podía creer lo que estaba viendo. En la mesa de trabajo había un par de zapatos preciosos, con el trabajo más delicado que había visto. No podía imaginar quién los había hecho. Como necesitaba ayuda desesperadamente puso los zapatos en el escaparate, y al darse la vuelta para regresar al taller oyó la campanilla de la puerta. Un caballero muy distinguido había entrado en la tienda.

El caballero admiró los zapatos y se los probó. Le quedaban perfectamente, y le dio al zapatero mucho más dinero del que solía cobrar por sus zapatos. Con ese dinero el pobre zapatero compró cuero para otro par de zapatos y suficiente comida para alimentar a su familia durante una semana.

Simula que duermes.

Por la noche, el agradecido zapatero puso en su mesa de trabajo el cuero y la horma y enhebró las agujas con hilo fuerte. «Lo haré mejor mañana a plena luz del día», dijo, y luego subió a su casa para disfrutar de la deliciosa cena que había preparado su mujer. Esa noche soñó que hacía unos zapatos muy bonitos.

Mientras tanto, abajo, en el taller del zapatero, había dos pequeños visitantes. Dos duendes habían entrado en la tienda y estaban haciendo zapatos. Les encantaba su trabajo, y mientras trabajaban reían, silbaban y cantaban. Cogieron el cuero del zapatero y cortaron un nuevo diseño de zapatos muy elegante. Luego dieron forma al cuero, lo cosieron con puntadas muy finas y modelaron las puntas y los talones. Satisfechos con su trabajo, los duendes se marcharon justo antes de que amaneciera.

Simula que coses.

A la mañana siguiente el pobre zapatero bajó a la tienda. El sol que entraba por la ventana iluminaba la mesa de trabajo, y para su sorpresa encontró allí otro par de bonitos zapatos.

Abre la boca con cara de asombro.

Esta vez eran unos zapatos de señora. El cuero estaba cosido con puntadas muy finas, las suelas eran muy suaves, y tenían un bonito diseño en las puntas y los tacones.

El pobre zapatero no podía creer que tuviera tanta suerte. Fue corriendo al escaparate y puso allí los zapatos para que la gente los viera. Todo el mundo se paraba a mirarlos. Mientras estaba limpiando su mesa de trabajo oyó la campanilla de la puerta. Una dama que había entrado en la tienda dijo que le encantaban los zapatos y que quería probárselos. Le quedaban perfectamente, y le pagó al zapatero el doble de lo que solía cobrar por sus zapatos. Cuando la dama se marchó fue a comprar cuero para hacer dos pares de zapatos.

Pon cara de satisfacción.

LOS DUENDES Y EL ZAPATERO

Simula que duermes.

Por la noche, el agradecido zapatero puso en su mesa de trabajo el cuero y las hormas y enhebró las agujas con hilo fuerte. «Lo haré mejor mañana a plena luz del día», dijo, y luego subió a su casa para disfrutar de la deliciosa cena que había preparado su mujer. Esa noche soñó que hacía unos zapatos muy bonitos.

Mientras tanto, abajo, en el taller del zapatero, los dos pequeños duendes estaban cantando una animada canción. Mientras trabajaban a toda prisa para hacer dos pares de zapatos reían, silbaban y cantaban. Cortaron dos nuevos diseños, dieron forma al cuero y lo cosieron con puntadas muy finas.

Simula que coses.

Después los duendes modelaron las puntas y los talones y, satisfechos con su trabajo, se marcharon justo antes de que amaneciera.

Frótate los ojos.

A la mañana siguiente el pobre zapatero se levantó muy pronto para bajar al taller y comenzar a trabajar. Ese día quería hacer dos pares de zapatos. Cuando se acercó a su mesa de trabajo, que estaba iluminada por el sol, se frotó los ojos. No podía creer lo que estaba viendo. Sobre la mesa había dos pares de zapatos para niños. Unos tenían cordones, y los otros, hebillas. El zapatero los cogió y admiró las finas puntadas, los bonitos diseños y la formas delicadas de las puntas y los talones.

El pobre zapatero puso los dos pares de zapatos en el escaparate y se dio la vuelta para ir a limpiar la mesa de trabajo. Justo entonces oyó la campanilla de la puerta. Un niño y una niña habían entrado en la tienda con su madre, que probó a sus hijos los zapatos. Les quedaban perfectamente.

La madre dio al zapatero mucho más dinero del que solían pagarle por sus zapatos.

Pon cara de satisfacción.

Después el zapatero fue corriendo a comprar cuero para hacer cuatro pares de zapatos. Por la noche, el agradecido zapatero puso en su mesa de trabajo el cuero y las hormas y enhebró las agujas con hilo fuerte. «Lo haré mejor mañana a plena luz del día», dijo, y subió a su casa para disfrutar de la deliciosa cena que había preparado su mujer. Luego se fue a la cama y soñó que hacía unos zapatos muy bonitos.

Simula que duermes.

Esa noche le pareció oír ruidos en el taller, pero se dio la vuelta y siguió durmiendo en su cama junto a la chimenea. Por la mañana bajó corriendo a la tienda para comenzar a trabajar. Tenía suficiente cuero para hacer cuatro pares de zapatos, y debía darse prisa. Cuando entró en el taller el sol iluminaba la mesa de trabajo, en la que había cuatro pares de zapatos; un par de caballero, un par de señora y dos pares para niños: uno con cordones y otro con hebillas. El zapatero no podía creérselo.

Abre la boca con cara de asombro.

El zapatero subió arriba para contarle a su mujer lo de los zapatos que aparecían como por arte de magia. Les parecía increíble que tuvieran tanta suerte.

Pon cara de satisfacción.

En cuanto el zapatero puso los zapatos en el escaparate, una familia rica que pasaba por allí los vio y entró en la tienda. Mientras la mujer del zapatero ayudaba a los niños a probarse los zapatos él ayudó a la dama y el caballero. A todos les quedaban perfectamente. Estaban tan contentos con sus zapatos nuevos que le dieron al zapatero mucho más dinero del que solían pagarle por sus zapatos.

Después de comprar cuero, dejarlo en la mesa de trabajo y encontrar bonitos zapatos durante varios meses, el zapatero no pudo resistir más la curiosidad. Así que una noche, después de disfrutar de una deliciosa cena con su familia y de meter a sus hijos en la cama, bajó a la tienda con su mujer y se escondieron en un armario.

Simula que coses.

Cuando oscureció del todo vieron una lucecita que brillaba alrededor de la mesa de trabajo. Y entonces vieron a dos pequeños duendes que estaban comenzando a cortar, martillear y coser.

Cortaron cuatro nuevos diseños de zapatos, dieron forma al cuero, lo cosieron con puntadas muy finas y modelaron las puntas y los talones. Trabajaron hasta el amanecer y, satisfechos con su trabajo, los dos pequeños duendes se marcharon.

Simula que tiemblas.

El zapatero y su mujer estaban encantados de saber quién había estado haciendo esos zapatos tan bonitos. Pero también se sentían avergonzados. Ellos iban bien vestidos con su ropa nueva, mientras los duendes temblaban de frío porque no tenían chaquetas ni zapatos.

El zapatero y su mujer decidieron hacer ropa y zapatos para los duendes. Cosieron unas chaquetitas verdes, unos pantaloncitos y unas camisitas. La mujer bordó las camisas con unos puntos muy finos, y el zapatero hizo unos zapatitos con recortes de cuero. Cuando terminaron pusieron las chaquetitas, los pantaloncitos, las camisitas bordadas y los zapatitos en la mesa de trabajo.

Simula que coses.

> Esa noche el zapatero y su mujer volvieron a esconderse en el armario. Cuando oscureció del todo llegaron los duendes, y una lucecita iluminó la mesa de trabajo.

En lugar del cuero que esperaban encontrar, los duendes vieron las chaquetitas verdes, los pantaloncitos, las camisitas bordadas y los zapatitos. Muy sorprendidos, se probaron la ropa y los zapatos, que les quedaban perfectamente.

Usa un tono emocionado.

Los duendes rieron, silbaron y cantaron. Al no ver más cuero en la mesa de trabajo, salieron de la tienda bailando y haciendo sonar la campanilla de la puerta. El zapatero y su mujer no volvieron a saber nada de los duendes. Pero al zapatero no le importó. Estuvo muy ocupado haciendo zapatos con los diseños que los duendes le habían dejado. Tampoco a su mujer le importó. Estuvo muy ocupada ayudando a las damas, los caballeros y los niños a encontrar los zapatos que querían en la bonita tienda de la calle concurrida.

Sé amable cuando alguien sea amable contigo.

Consejos para narrar la historia

- Habla despacio y usa un tono triste para describir lo pobre que era la familia. Usa un tono animado para expresar lo contentos que estaban los duendes mientras trabajaban y cantaban.

- Para recalcar lo pequeños que eran los duendes, alarga el diminutivo de las chaquetitas, las camisitas y los zapatitos.

- Si los niños son muy pequeños, no repitas todas las secuencias para abreviar el cuento.

Preguntas

- ¿Cómo ayudaron los duendes al zapatero pobre y su mujer?

- ¿Por qué crees que no volvieron después de encontrar la ropa y los zapatos?

- ¿Has estado alguna vez en el taller de un zapatero? ¿Qué has visto?

COLLAGE DE ZAPATOS

Materiales

Fotos de zapatos de revistas o anuncios

Cartulina

Tijeras

Cola

Pasos a seguir

◉ Enseña a los niños las fotos y habla de los diferentes tipos de zapatos que se usan en distintas ocasiones. Procura incluir fotos de deportivos, zapatillas, zapatos de bebé, sandalias, botas y zapatillas de ballet.

◉ Pon una cartulina grande en la pared y anima a los niños a pegar en ella las fotos. Diles que las coloquen superpuestas para hacer un collage.

ZAPATERÍA

Materiales

Pares de zapatos

Medidor (opcional)

Pasos a seguir

- Busca con los niños varios pares de zapatos de distinto tamaño.
- Colócalos como si estuvieran a la venta.
- Finge que eres un cliente que quiere unos zapatos.
- Juega con los niños adoptando diferentes papeles: puedes ser el dueño de la tienda, un vendedor, el cajero o un cliente.

LOS DUENDES Y EL ZAPATERO

La grulla blanca

EN ESTA ADAPTACIÓN DE UN CUENTO POPULAR JAPONÉS, UN POBRE PESCADOR QUE AYUDA A UNA GRULLA BLANCA A ESCAPAR DE UNA RED ES RECOMPENSADO CON UNA MUCHACHA HUÉRFANA QUE TEJE UNA PRECIOSA TELA.

UNA BUENA ACCIÓN MERECE UNA RECOMPENSA

Érase una vez un pescador muy pobre que iba a pescar todos los días a un bello lago antes de que se levantase la niebla. Con lo que pescaba apenas podían comer él y su mujer.

Un día, cuando estaba a punto de levantar el ancla para volver a casa, divisó a una grulla blanca en el borde de un arrecife que aleteaba furiosamente. El pescador remó hasta allí y vio que estaba atrapada en una vieja red que alguien había dejado abandonada.

Mueve los brazos como si fuesen alas.

> El pobre pescador reconfortó a la grulla blanca. «Eres una criatura muy bella y deberías volar en libertad. Quédate quieta un momento para que corte la red y puedas escapar.»

Usa un tono amable.

La grulla blanca dejó de agitar las alas para que el pescador pudiera cortar la red.

Cuando la grulla blanca estuvo libre desplegó sus alas, dio una vuelta alrededor del bello lago entre la niebla y voló por encima del bote del pescador como si quisiera decir: «Gracias por liberarme».

Esa noche el pescador llevó la pesca del día a su mujer, que preparó un plato de pescado con arroz. Después de cenar se sentaron junto al fuego. Eran felices, pero echaban de menos un hijo o una hija que les hiciese compañía y les cuidase en la vejez. Entonces alguien llamó a la puerta, y al abrirla vieron a una hermosa muchacha con una melena negra y un precioso quimono blanco. La invitaron a sentarse junto al fuego, y cuando ella dijo que era huérfana la invitaron a quedarse en su casa.

Simula que abres la puerta.

Pon cara de alegría.

A la mañana siguiente, cuando se levantaron, descubrieron que la muchacha había preparado el desayuno, había sacudido las esterillas y había limpiado todos los pucheros. El viejo pescador y su mujer estaban encantados, y le dijeron: «Si tuviéramos una hija nos gustaría que fuese como tú». Ella respondió que como no tenía padres podía ser su hija y cuidarles en la vejez.

El viejo pescador y su mujer vivieron muy felices con la muchacha durante mucho tiempo. El pescador iba a pescar al lago todos los días. La mujer iba a trabajar al campo todos los días. Y mientras ellos estaban fuera la muchacha iba al telar y se pasaba el día tejiendo. Les dijo que nunca debían verla cuando estuviera tejiendo, porque era una sorpresa. El viejo pescador y su mujer le hicieron caso y jamás la miraron mientras tejía.

Usa un tono de voz serio.

Cuando faltaba poco para el día del mercado la muchacha sacó la preciosa tela que había tejido. Era la tela más bonita que habían visto en su vida.

Era larga y suave, de una seda muy fina con unos delicados hilos blancos que iban de arriba abajo. Al mirarla a la luz brillaba como la niebla del lago al amanecer.

La muchacha dijo a la pareja: «Llevad la tela al mercado para venderla. Así tendréis dinero para comprar comida durante el crudo invierno».

Mientras el pescador iba hacia el mercado del pueblo toda la gente que le veía le preguntaba por la tela y le decía cuánto debía cobrar por ella. Un hombre le dijo: «Por una tela tan fina deberían darte diez monedas de oro». Otro comentó: «No, una tela con estos preciosos hilos blancos cuesta por lo menos quince monedas de oro».

Simula que examinas la tela.

Otro le dijo: «No, pescador, por esta tela tan bella como la niebla del lago deberías cobrar 100 monedas de oro, con las que podrás sobrevivir muchos inviernos».

Y así fue. El pescador vendió la tela por 100 monedas de oro. Él y su mujer no podía creer su buena fortuna. Tenían dinero para comer durante muchos inviernos, pero lo más importante era que habían sido bendecidos con una preciosa hija que les cuidaría en su vejez.

Pon cara de alegría.

La muchacha trabajaba en el telar todos los días, y les recordaba que nadie debía mirar dentro de la habitación cuando estuviera tejiendo. El pescador y su mujer obedecieron sus instrucciones.

Pero un día fue a visitarles una vecina curiosa que sabía que tenían dinero para comer y una bella hija. El pescador y su mujer compartieron su comida con la vecina, recordaron las bendiciones que habían recibido desde que su hija vivía con ellos y hablaron de lo maravilloso que era tener una hija que les cuidaría en su vejez.

La vecina era muy curiosa y quería conocer a la bella muchacha. El pescador y su mujer le dijeron que su hija estaba tejiendo para que pudieran vender la tela y conseguir dinero para su vejez. Pero nadie debía verla mientras trabajaba en el telar. Ésa era la norma. La vecina curiosa dijo: «Sólo echaré una ojeada», y abrió un poco la puerta.

Pon cara de asombro.

Entonces vio a una grulla blanca que se estaba arrancando sus bellas plumas para hacer una tela blanca tan delicada como la niebla del lago. Y de repente la grulla desapareció.

Poco después la muchacha salió de la habitación con un trozo de tela sin terminar, con los hilos demasiado flojos para mantenerse unidos.

Pon cara de tristeza.

Luego dijo: «Siento que no hayáis recordado la norma. Gracias por liberarme de la red. Quería seguir siendo vuestra hija para cuidaros en vuestra vejez, pero se ha roto el hechizo. Tengo que volver al lago para seguir viviendo entre la niebla.

Mueve los brazos como si fuesen alas.

Y delante de sus ojos la hermosa muchacha se convirtió en la bella grulla blanca y se fue volando.

El viejo pescador sigue yendo a pescar al lago todos los días. Mientras se levanta la niebla la grulla blanca da dos vueltas sobre su bote. Él y su mujer se las arreglan para vivir, pero todas las noches se acuerdan de la bella muchacha que pudo ser su hija.

Pon cara de tristeza y mira hacia arriba.

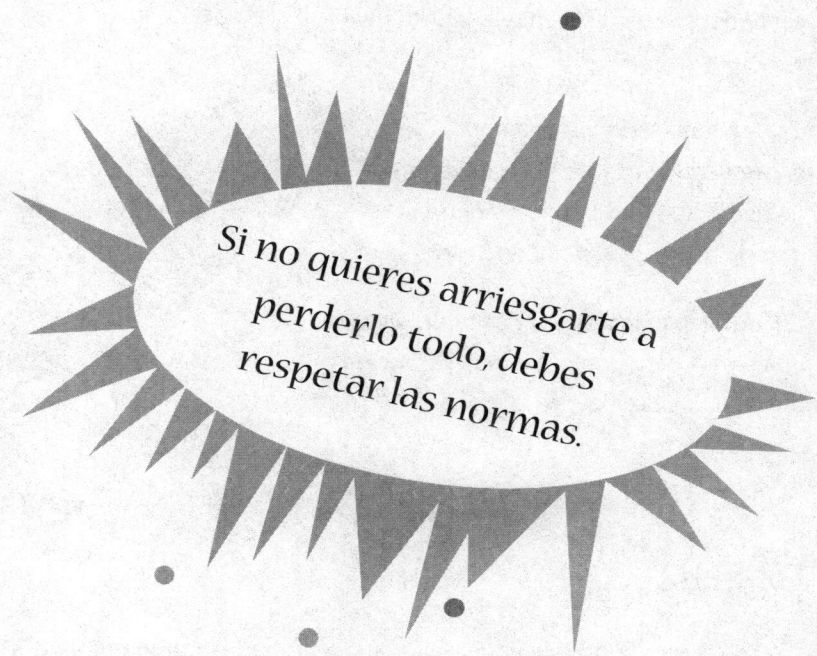

Si no quieres arriesgarte a perderlo todo, debes respetar las normas.

Consejos para narrar la historia

- Habla con voz suave y humilde para expresar la gratitud de la grulla y la actitud de la muchacha. Usa un tono excitado cuando la gente del pueblo comente lo bonita que es la tela.

- Usa un tono serio y niega con la cabeza cada vez que la muchacha recuerde a la pareja que no deben mirarla mientras esté tejiendo.

- Cuando la vecina curiosa eche un vistazo, haz una pausa para aumentar la expectación antes de decir: «Y de repente la grulla desapareció».

Preguntas

- ¿Te ha recordado la muchacha huérfana a un hada madrina? ¿Por qué?

- ¿Crees que el pescador y su mujer se quedaron tristes cuando su hija se convirtió de nuevo en una grulla?

- ¿Has ayudado alguna vez a un animal? ¿Qué hiciste?

ESCENAS ILUSTRADAS

Materiales

Rotuladores o pintura y pinceles

Papel

Dobla el papel para hacer 4 cuadros

Pasos a seguir

- Habla con los niños de las cuatro escenas principales de la historia: el pescador libera a la grulla; la bella muchacha huérfana se queda con la familia y teje una bonita tela; la pareja vende la tela; y la vecina curiosa echa un vistazo en la habitación.

- Dobla el papel dos veces, una en sentido horizontal y otra en sentido vertical, para hacer cuatro cuadros. Anima a los niños a dibujar una escena en cada cuadro.

- Los más pequeños pueden dibujar cualquier escena que recuerden.

COMIDA PARA PÁJAROS

Materiales

Bolsa de alpiste

Bandeja grande

Tubos de papel higiénico

Mantequilla de cacahuete

Cuchillos de mantequilla

Cordel

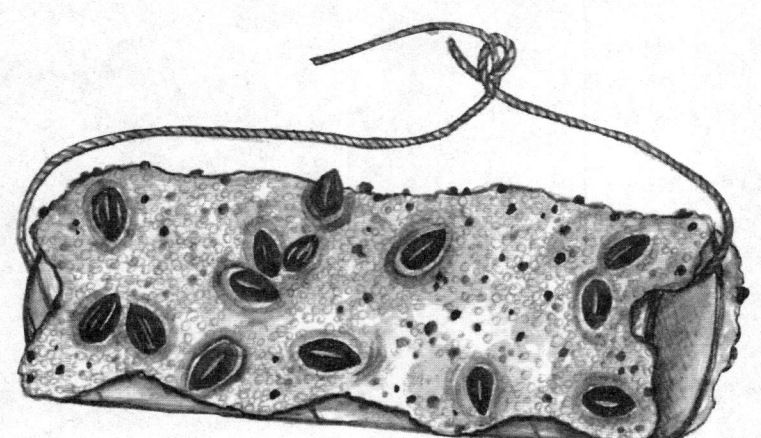

Pasos a seguir

🌀 Echa el alpiste en la bandeja.

🌀 Anima a los niños a untar los tubos con mantequilla de cacahuete y a pasarlos por el alpiste.

🌀 Ayúdalos a pasar un trozo de cordel por los tubos y ata los extremos para poder colgarlos.

🌀 Sal fuera con los niños para que cuelguen sus tubos. Esperad un rato para ver si se acerca algún pájaro a comer el alpiste.

PAREJAS DE QUIMONOS

Materiales

Muestras de papel pintado con dibujos de flores

Tijeras

Papel, cola, rotuladores (opcional)

Pasos a seguir

- Recorta dos quimonos en cada muestra de papel pintado.
- Extiende los quimonos en una superficie plana y anima a los niños a unirlos por parejas.
- Cuando se cansen de unir parejas pueden pegar un quimono en un trozo de papel y dibujar a la muchacha de la historia con él.

3
Aprendiendo de los errores

| LA GALLINA MARCELINA Y SUS AMIGOS | 98 |
| QUE VIENE EL LOBO | 107 |

La gallina Marcelina y sus amigos

En esta versión de un cuento popular, una gallina cree que se está cayendo el cielo cuando le cae una bellota en la cabeza, y va con sus amigos a avisar al rey.

APRENDIENDO DE LOS ERRORES

Érase una vez una linda gallina llamada Marcelina que vivía en un corral con otras aves. La mujer del granjero solía echar mucho maíz en el corral, que estaba rodeado por unos árboles frondosos donde la gallina y sus amigos podían descansar a la sombra.

Un día, mientras la gallina Marcelina estaba picoteando el maíz que la mujer del granjero había echado en el corral, le cayó algo en la cabeza. La gallina Marcelina dejó de picotear y dijo: «¿Qué ha sido eso?».

Haz una mueca de dolor y tócate la cabeza.

Miró hacia arriba y cacareó a voz en cuello:

«Algo me ha golpeado la cabeza. Se debe estar cayendo el cielo. ¡Dios mío! Tengo que ir a decírselo al rey para que pueda avisar a todos los animales y la gente de la región».

Mira hacia arriba con desconcierto.

Así que comenzó a andar a toda prisa para ir a buscar al rey y decirle que el cielo se estaba cayendo.

Poco después la gallina Marcelina se encontró con el gallo Hilario. El gallo Hilario dijo: «¿Adónde vas con tanta prisa, gallina Marcelina?».

Sin dejar de correr, la gallina Marcelina respondió: «Voy a ver al rey».

«¿Para qué vas a ver al rey?», preguntó el gallo Hilario.

«¡El cielo se está cayendo!», dijo la gallina Marcelina. «Voy a decírselo al rey para que pueda avisar a todos los animales y la gente de la región.»

Mira hacia arriba con desconcierto.

Mirando hacia el cielo, el gallo Hilario dijo: «A mí no me parece que se esté cayendo».

«Claro que sí», dijo la gallina Marcelina. «Me ha caído un trozo en la cabeza.»

Al oír aquello, el gallo Hilario dijo: «Iré contigo». Y fue detrás de la gallina Marcelina, que corría todo lo rápido que podía.

Poco después se encontraron con el pato Donato, que les preguntó: «¿Adónde vais con tanta prisa?»

«¡El cielo se está cayendo!», dijo el gallo Hilario. «Vamos a decírselo al rey para que pueda avisar a todos los animales y la gente de la región.»

Mira hacia arriba con desconcierto.

Mirando hacia el cielo, el pato Donato dijo: «A mí no me parece que se esté cayendo».

«Claro que sí», dijo el gallo Hilario. «A la gallina Marcelina le ha caído un trozo en la cabeza.»

Al oír aquello, el pato Donato dijo: «Iré con vosotros». Y siguió al gallo Hilario, que iba detrás de la gallina Marcelina, que corría todo lo rápido que podía.

Poco después se encontraron con el pavo Gustavo, que les preguntó: «¿Adónde vais con tanta prisa?».

«Vamos a ver al rey», dijo el pato Donato.

APRENDIENDO DE LOS ERRORES

«¿Para qué vais a ver al rey?», preguntó el pavo Gustavo.

«¡El cielo se está cayendo!», dijo el pato Donato. «Vamos a decírselo al rey para que pueda avisar a todos los animales y la gente de la región.»

Mirando hacia el cielo, el pavo Gustavo dijo: «A mí no me parece que se esté cayendo». **Mira hacia arriba con desconcierto.**

«Claro que sí», dijo el pato Donato. «A la gallina Marcelina le ha caído un trozo en la cabeza.»

Al oír aquello, el pavo Gustavo dijo: «Iré con vosotros». Y comenzó a trotar detrás del pato Donato, que seguía al gallo Hilario, que iba detrás de la gallina Marcelina, que corría todo lo rápido que podía.

Poco después se encontraron con el ganso Gervasio, que les preguntó: «¿Adónde vais con tanta prisa?».

«Vamos a ver al rey», dijo el pavo Gustavo.

«¿Para qué vais a ver al rey?», preguntó el ganso Gervasio.

«¡El cielo se está cayendo!», dijo el pavo Gustavo. «Vamos a decírselo al rey para que pueda avisar a todos los animales y la gente de la región.»

Mirando hacia el cielo, el ganso Gervasio dijo: «A mí no me parece que se esté cayendo». **Mira hacia arriba con desconcierto.**

«Claro que sí», dijo el pavo Gustavo. «A la gallina Marcelina le ha caído un trozo en la cabeza.»

Al oír aquello, el ganso Gervasio dijo: «Iré con vosotros». Y siguió al pavo Gustavo, que trotaba detrás del pato Donato, que seguía al gallo Hilario, que iba detrás de la gallina Marcelina, que corría todo lo rápido que podía.

Usa un tono calmado y malicioso.

Poco después se encontraron con el zorro Camilo, que les preguntó: «¿Adónde vais con tanta prisa?».

«Vamos a ver al rey», dijeron todos al unísono.

«¿Para qué vais a ver al rey?», preguntó el zorro Camilo.

«¡El cielo se está cayendo!», dijeron los cinco amigos a la vez. «Vamos a decírselo al rey para que pueda avisar a todos los animales y la gente de la región.»

«¿Sabéis por dónde se va al castillo del rey?», preguntó el zorro Camilo.

Señala hacia la derecha.

Los cinco amigos se miraron unos a otros y dijeron al unísono: «No, pero creemos que es por ahí».

El zorro Camilo dijo: «Yo os llevaré. Conozco el camino».

Señala hacia la izquierda.

Entonces el zorro Camilo tomó otra dirección y el ganso Gervasio, el pavo Gustavo, el pato Donato, el gallo Hilario y la gallina Marcelina lo siguieron.

APRENDIENDO DE LOS ERRORES

Subieron y bajaron por colinas y valles hasta que llegaron a una cueva. Allí el zorro Camilo dijo: «Al otro lado de esta cueva está el castillo donde vive el rey».

Los cinco amigos le dieron las gracias por mostrarles el camino. Pero no encontraron al rey, ni pudieron decirle que el cielo se estaba cayendo. Nadie volvió a ver a la gallina Marcelina, al gallo Hilario, al pato Donato, al pavo Gustavo y al ganso Gervasio. Pero en la cueva del zorro Camilo se encontraron cinco tipos de plumas diferentes.

No creas todo lo que te digan.

Consejos para narrar la historia

◉ Usa un tono rápido y asustado cuando hable la gallina Marcelina.

◉ Incluye las voces de los animales. Por ejemplo: «¡Clo, clo, el cielo se está cayendo!», «Quiquiriquí, el cielo se está cayendo!», «¡Cua, cua, el cielo se está cayendo!», «Cro, cro, el cielo se está cayendo!».

◉ Simplifica la historia para los niños más pequeños incluyendo menos animales.

◉ Pide a los niños que digan los nombres de los amigos de la gallina Marcelina cuando se vayan uniendo a ella.

◉ Haz gestos con las manos para que los niños repitan las frases contigo. Por ejemplo, cada vez que señales hacia arriba pueden decir: «El cielo se está cayendo».

Preguntas

◉ ¿Por qué piensas que todos los amigos de la gallina Marcelina la creyeron cuando dijo que el cielo se estaba cayendo?

◉ Si hubieran llegado a ver al rey, ¿piensas que los habría creído?

◉ ¿Te has asustado alguna vez por algo que luego resultó tener una explicación sencilla?

ANIMALES DE CORRAL

Materiales

Ninguno

Pasos a seguir

🌀 Después de contar el cuento varias veces, pregunta a los niños si se acuerdan de todos los personajes.

🌀 Diles que piensen en otros animales con los que la gallina Marcelina podía haberse encontrado además del gallo Hilario, el pato Donato, el pavo Gustavo y el ganso Gervasio. Por ejemplo pueden incluir a la oveja Josefa o al gato Renato.

🌀 Vuelve a narrar la historia incluyendo los nuevos personajes.

🌀 Deja que los más pequeños cuenten el cuento cambiando los nombres de los personajes, por ejemplo invirtiendo las palabras (Marcelina la gallina), simplificando los nombres (la gallina) o inventando nuevos nombres (Clotilde).

PASA LA FRASE

Materiales

Lapicero y hoja de papel

Pasos a seguir

- Escribe en el papel una frase larga y difícil de recordar como ésta: «La gallina Marcelina se asustó mucho cuando le cayó la bellota y dijo a sus amigos que se estaba cayendo el cielo». Dobla el papel y déjalo a un lado sin enseñárselo a los niños.

- Diles que se sienten en círculo. Susurra la frase al primero y dile que se la «pase» al siguiente hasta que todos la hayan escuchado y repetido.

- Cuando el último niño te la susurre a ti, dila en voz alta como te la haya dicho. Luego desdobla el papel y lee la frase con la que has comenzado para comparar las dos versiones.

Que Viene el lobo

EN ESTA VERSIÓN DE UNA FÁBULA DE ESOPO, UN MUCHACHO DESCUBRE QUE SI DICE QUE VIENE EL LOBO CUANDO NO ES CIERTO, LA GENTE NO LE CREERÁ CUANDO DIGA LA VERDAD.

Érase una vez un muchacho que vivía con su familia en un valle rodeado de altas montañas. En su pueblo existía la tradición de que los zagales fuesen a las montañas para cuidar los rebaños de ovejas de la gente del pueblo.

Habla con un tono serio.

Un día le dijo su padre: «Ha llegado el momento de que subas a las montañas para cuidar las ovejas. Es un trabajo muy importante, pero ya eres mayor y serás capaz de asumir esa responsabilidad».

El padre le explicó que estaría solo en la montaña durante largos periodos de tiempo. Y le advirtió que debía vigilar a las ovejas continuamente, porque allí también había osos y lobos.

Si alguna vez creía que las ovejas estaban en peligro, debía gritar «¡Lobo! ¡Lobo!» para que los vecinos fueran a ayudarle.

Usa un tono animado.

El muchacho estaba encantado de que su padre le considerara capaz de asumir esa responsabilidad. Metió en su zurrón comida, ropa de abrigo y una flauta y después condujo a las ovejas a las montañas para que pudieran pastar.

Simula que tocas una flauta.

Durante las primeras semanas el muchacho se lo pasó muy bien. Vigilaba a las ovejas mientras pastaban y andaban por las montañas. Lanzaba piedras, miraba las nubes y tocaba la flauta. Estaba muy orgulloso de ser capaz de cuidar a las ovejas.

APRENDIENDO DE LOS ERRORES

Pero al cabo de un tiempo comenzó a sentirse muy solo. Echaba de menos a su familia y a sus amigos. Se cansó de cuidar a las ovejas, e incluso de tocar la flauta. Y se le ocurrió una idea para conseguir que los vecinos subieran a la montaña. Si su plan funcionaba dejaría de estar solo.

Pon cara de tristeza.

Fue corriendo a la cima de la montaña y gritó: «¡Lobo! ¡Lobo! ¡Lobo!».

Los vecinos le oyeron gritar. Temiendo que el muchacho estuviera en apuros y que un lobo estuviera atacando a las ovejas, fueron corriendo a las montañas para ayudarle. Cuando llegaron no había ningún lobo. Pero como estaban preocupados por el muchacho y por las ovejas se quedaron a hablar con él un rato antes de volver a sus casas.

Usa un tono de preocupación.

El muchacho estaba encantado de que los vecinos hubieran ido a verle. Pero se quedó solo otra vez y los echaba de menos. Así que fue a la cima de la montaña y gritó: «¡Lobo! ¡Lobo! ¡Lobo!».

Los vecinos le oyeron gritar. Temiendo que el muchacho estuviera en apuros, fueron corriendo a la montaña para ayudarle. Cuando llegaron a la cima no había ningún lobo. Como el muchacho y las ovejas no corrían ningún peligro regresaron al valle para volver a sus casas.

Pon cara de preocupación.

Usa un tono alarmado.

Poco después de que se fueran los vecinos llegó a la montaña un lobo de verdad. Mientras el muchacho estaba vigilando a las ovejas lo vio salir de entre los árboles y acercarse despacio a las ovejas. Muy asustado, el muchacho subió corriendo a la cima de la montaña y gritó: «¡Lobo! ¡Lobo! ¡Lobo!».

Usa un tono aún más alarmado.

Pero nadie fue a socorrerle. Entonces gritó más alto: «¡Lobo! ¡Lobo! ¡Lobo!».

Los vecinos le oyeron gritar y se acordaron del largo camino que habían recorrido para subir a la montaña y no encontrar ningún lobo. Pensaron que el muchacho les estaba gastando otra broma, y nadie subió a ayudarle.

Pon cara avergonzada.

El muchacho estaba muy asustado. Tiró piedras al lobo y gritó con todas sus fuerzas. Entonces las ovejas salieron corriendo. El muchacho recorrió las montañas para buscarlas. Estuvo varios días buscando a las ovejas, pero no las encontró. Así que por fin tuvo que regresar al pueblo.

Cuando su padre le vio bajar por el sendero de la montaña fue corriendo a recibirle y le preguntó: «¿Dónde están las ovejas?».

El muchacho respondió: «Vino un lobo y le tiré piedras para ahuyentarle. Entonces todas las ovejas salieron corriendo. He estado buscándolas, pero no he podido encontrarlas».

Su padre le preguntó: «¿Por qué no gritaste "¡Lobo! ¡Lobo! ¡Lobo!"?».

El muchacho dijo con tristeza: «Grité "¡Lobo! ¡Lobo! ¡Lobo!", pero no vino nadie a ayudarme».

El muchacho jamás olvidó el día en que vino el lobo. Y se prometió a sí mismo que nunca volvería a gritar «¡Lobo!» si no había ningún lobo.

Si no dices siempre la verdad, nadie creerá lo que digas.

Consejos para narrar la historia

- Cuando cuentes este cuento a los niños, diles que el muchacho tenía la misma edad que ellos.

- Ponte las manos alrededor de la boca cada vez que el muchacho grite «¡Lobo!».

- Cuando el muchacho grite «¡Lobo! ¡Lobo! ¡Lobo!» la última vez, usa un tono más alto y alarmado que las anteriores.

- La extensión de este cuento puede variar sin prescindir de los elementos esenciales. Abrevia o alarga la historia en función de las necesidades, los intereses y las capacidades de los niños.

Preguntas

- ¿Por qué estaba orgulloso el muchacho de que le enviaran a cuidar las ovejas a la montaña?

- ¿Por qué no fueron los vecinos a ayudarle cuando llegó el lobo?

- ¿Qué habrías hecho tú si hubieras estado solo en la montaña?

LANA DE OVEJA

Materiales

Fotografías de ovejas y corderos

Varias prendas de lana

Pasos a seguir

- Mira las fotos de las ovejas y los corderos con los niños.
- Comenta qué aspecto tienen, qué comen y la lana que producen.
- Enséñales varias prendas de lana.
- Diles que toquen y comparen las diferentes texturas.

TAREAS DOMÉSTICAS

Materiales

Papel
Rotulador

Pasos a seguir

◎ Habla de las responsabilidades que puedan tener los miembros de una familia. Por ejemplo, la madre saca la basura, la hermana saca a pasear al perro y el padre va a comprar el periódico.

◎ Anima a los niños a pensar en una «nueva responsabilidad» que puedan asumir para ayudar en casa. Por ejemplo pueden dar de comer al perro, regar una planta o echar la ropa sucia en el cesto.

◎ Anota las tareas en el papel para que cada vez que cumplan con esa responsabilidad puedan apuntarlo.

4
Por qué son así los animales

LA COLA DE LA ZARIGÜEYA	116
POR QUÉ LOS COCODRILOS NO COMEN GALLINAS	122
LA JOROBA DEL CAMELLO	129
POR QUÉ EL BURRO VIVE CON EL HOMBRE	137
EL ELEFANTITO CURIOSO	146

La Cola de la Zarigüeya

EN ESTA ADAPTACIÓN DE UN CUENTO CHEROKEE
SE EXPLICA POR QUÉ LA ZARIGÜEYA, QUE
ANTES TENÍA UNA COLA BONITA Y FRONDOSA
COMO LA DE LA ARDILLA, TIENE AHORA UNA
COLA LARGA Y FLACA SIN PELO.

Hace mucho tiempo
la zarigüeya solía salir durante el día y dormir por la noche. Y tenía una larga cola muy bonita y frondosa. A la zarigüeya le gustaba pasearse por el bosque para enseñar su bella cola a los demás animales.

Cada vez que la zarigüeya veía a la ardilla trepando a un árbol le decía: «Me gusta tu cola, ardilla, pero no es tan larga ni tan frondosa como la mía».

Usa un tono jactancioso.

Cada vez que la zarigüeya veía al conejo corriendo entre la maleza le decía: «Me gusta tu suave cola, conejo, pero la mía es más larga y frondosa que la tuya».

Cada vez que la zarigüeya se encontraba con el ciervo en un sendero del bosque le decía: «Me gusta tu cola blanca que apunta hacia el cielo, pero la mía es tan larga y frondosa que puedo ponérmela alrededor de los hombros».

Simula que te pones una cola sobre el hombro.

Muy pronto los animales se cansaron de oír hablar de la cola larga y frondosa de la zarigüeya y comenzaron a evitarla. Cuando la veían venir salían corriendo hacia otro lado.

En otoño, cuando las hojas comenzaban a cambiar de color, los animales del bosque organizaban un baile para despedirse antes de hibernar o de emigrar a otras tierras para buscar comida. Todos los años esperaban con ilusión el acontecimiento para pasar un buen rato juntos. En la fiesta, el oso marcaba el ritmo en un tronco hueco mientras las ardillas, los conejos y los demás animales bailaban en círculo pateando el suelo.

Zapatea.

LA COLA DE LA ZARIGÜEYA

A la zarigüeya le gustaba mucho ir al baile para exhibir su larga y frondosa cola. Ese año llegó tarde a la fiesta y se unió al círculo de bailarines con su bella cola alrededor de los hombros. Mientras el oso marcaba el ritmo en el tronco hueco, la zarigüeya se movía de un lado a otro luciendo su bella cola. Cuando se cansó de bailar dejó la cola en el suelo, y alguien se la pisó. Entonces gritó para que dejaran de pisársela, pero el oso tocaba el tambor con tanta fuerza que nadie pudo oírla.

Usa un tono cansado.

Los animales siguieron bailando en círculo y pateando la cola de la zarigüeya.

Simula que tiras.

La zarigüeya comenzó a tirar de su cola para intentar levantarla del suelo. Tiró y tiró cada vez con fuerza, y cuando por fin consiguió liberarla sólo quedaba una cola larga y flaca sin nada de pelo. Entonces la zarigüeya corrió a esconderse, y juró que nunca saldría durante el día para que los demás animales no vieran que ya no tenía una cola bella y frondosa.

Desde entonces todas las zarigüeyas tienen una cola larga y flaca. Y desde entonces duermen durante el día y sólo salen por la noche.

No presumas de lo que tienes.

Consejos para narrar la historia

◎ Imagina que la cola de la zarigüeya es como una estola de piel; póntela por los hombros y acaricia la piel para demostrar lo orgullosa que estaba la zarigüeya de su bella cola.

◎ Cuando digas que los animales bailaban pateando el suelo, da golpes con los pies para imitar el sonido de un tambor.

◎ Enseña a los niños a bailar sin mover la parte superior del cuerpo y simula que zapateas al ritmo de un tambor.

Preguntas

◎ ¿Crees que esta historia es verídica? ¿Por qué?

◎ ¿Por qué evitaban los demás animales a la zarigüeya?

◎ ¿Te has sentido alguna vez muy orgulloso de algo? ¿Cómo te has comportado?

AL RITMO DEL TAMBOR

Materiales

Tambor

Palillos o mazo

Pasos a seguir

🌀 Toca un tambor con un ritmo lento y continuo.

🌀 Anima a los niños a bailar en círculo levantando los pies pero sin mover el cuerpo.

🌀 Cambia el ritmo y deja que improvisen diferentes movimientos.

SUPERVIVENCIA

Materiales

Ninguno

Pasos a seguir

◎ Explica a los niños que las zarigüeyas evitan a sus enemigos quedándose muy quietas para no llamar la atención.

◎ Anima a los niños a formar un círculo para que uno de ellos se tumbe en el medio e intente no moverse ni reírse durante un minuto. Deja que se turnen para imitar a la zarigüeya.

Por qué los Cocodrilos no Comen gallinas

EN ESTE BREVE CUENTO BANTÚ, UNA
GALLINA LOGRA CONVENCER A UN
COCODRILO DE QUE SON HERMANOS PARA
QUE NO LA COMA.

Un día en que la gallina salió a dar un paseo decidió ir hasta el río. Le gustaba pasear por la orilla del río porque allí siempre encontraba algo para comer.

Mientras la gallina paseaba y picoteaba, el cocodrilo la vio acercarse y pensó: «Ñam, ñam, esa gallinita tiene que estar muy sabrosa». Sacó la cabeza del agua, abrió su enorme boca y estuvo a punto de atrapar a la gallina, que estaba persiguiendo a una libélula y no miraba por dónde iba.

Usa un tono malicioso.

Junta las manos y ábrelas como si fueran fauces.

> La gallina dio un salto hacia atrás y dijo: «No me comas, hermano cocodrilo. ¿No me reconoces? Soy tu hermana la gallina». No parecía tenerle miedo.

Usa un tono de voz valiente.

El cocodrilo se quedó tan sorprendido que cerró su enorme boca con un sonoro chasquido y pensó: «¿Por qué me ha llamado hermano? Yo soy un cocodrilo, y los cocodrilos no son hermanos de las gallinas. Me ha engañado».

Cierra las manos de golpe.

Pero ya era demasiado tarde para atrapar a la gallina, que siguió paseando y picoteando por la orilla del río. Así que el cocodrilo volvió a meter la cabeza en el agua y se alejó nadando.

Al día siguiente la gallina volvió a pasear y picotear por la orilla del río mientras perseguía a un chinche de agua. Justo entonces apareció en la orilla una cabeza enorme con la boca bien abierta. Cuando estaba a punto de cerrarse sobre ella, la gallina dijo: «No me comas, hermano cocodrilo. ¿No me reconoces? Soy tu hermana la gallina». Y le hizo frente sin mostrar ningún temor.

Abre las manos como si fuesen fauces.

POR QUÉ LOS COCODRILOS NO COMEN GALLINAS

Cierra las manos de golpe.

¡ZAS! El cocodrilo cerró su enorme boca muy sorprendido. Antes de que pudiera preguntarle qué quería decir, la gallina se había ido corriendo por la orilla del río. Entonces pensó: «Me ha vuelto a engañar. Mis hermanos son los cocodrilos, no las gallinas».

Juró que la atraparía al día siguiente. Mientras se alejaba nadando pensó: «Las gallinas no pueden estar emparentadas con los cocodrilos. Las gallinas viven en la tierra, y los cocodrilos en el agua. Me la zamparé mañana para desayunar».

Abre las manos y ciérralas de golpe.

El cocodrilo estaba tan furioso por haber dejado escapar a la gallina que dio un golpe en el agua con la cola y abrió y cerró la boca con un sonoro chasquido. Armó tanto escándalo que el lagarto, que estaba tomando el sol en una roca, le preguntó: «¿Por qué estás tan enfadado? ¿Qué te pasa?».

«Es esa gallina que pasea y picotea por la orilla del río. Dice que soy su hermano. Incluso me llama hermano cocodrilo. Pero es imposible que sea mi hermana», dijo el cocodrilo.

El lagarto, que era muy sabio, dijo: «Es verdad, cocodrilo. La gallina y tú sois miembros de la misma familia».

Usa un tono incrédulo.

«No puede ser», dijo el cocodrilo. «Yo vivo en el agua, y ella vive en la tierra.»

El lagarto insistió: «Te digo que es verdad. Las tortugas ponen huevos, como los patos y los pájaros. Los cocodrilos y los lagartos ponen huevos. Y las gallinas también ponen huevos. Todos los animales que ponen huevos son hermanos».

«¿Todos? ¿Hasta la gallina?», preguntó el cocodrilo una vez más.

«Hasta la gallina», le aseguró el lagarto.

«La gallina es mi hermana. Con lo sabrosa que tiene que estar. Es una pena que tenga una hermana tan rica y que no pueda comérmela», pensó el cocodrilo mientras volvía a meterse en el agua.

Al día siguiente la gallina volvió a pasear y picotear por la orilla del río. Entonces el cocodrilo sacó su enorme cabeza del agua y le preguntó: «¿Por qué no me tienes miedo? Podría cerrar la boca y comerte de un bocado».

Abre las manos como si fueran fauces.

«No te tengo miedo porque eres mi hermano», cloqueó la gallina. Y se quedó allí tan tranquila. Luego miró a los ojos al cocodrilo y le dijo: «Soy tu hermana, y tú no comerías a tu hermana». Al cocodrilo se le cayó una lágrima de cocodrilo y volvió a meterse en el agua.

Ahora, cuando la gallina pasea y picotea por la orilla del río, el cocodrilo piensa: «Ahí va mi hermana». Y la gallina le saluda y dice: «Ahí va mi hermano».

Cierra las manos de golpe.

No somos tan diferentes de los demás como pensamos.

POR QUÉ LOS COCODRILOS NO COMEN GALLINAS

Consejos para narrar la historia

- Cuando el cocodrilo saque y meta la cabeza en el agua, sube y baja las manos con las palmas juntas.

- Di «Clo, clo» antes de que hable la gallina.

- Enseña a los niños a hacer el ruido que hace el cocodrilo al cerrar la boca. Después de poner una mano sobre la otra ábrelas y ciérralas para producir un chasquido.

- Aunque la gallina es pequeña, cuando hable usa un tono firme y seguro.

Preguntas

- ¿Qué otros animales ponen huevos?

- ¿Se parecen el cocodrilo y la gallina en otras cosas?

- ¿Crees que la gallina fue valiente? ¿Por qué?

SOY UN COCODRILO

Materiales

Hoja grande de papel y lapicero o cartulina y rotuladores

Pasos a seguir

🌀 Escribe la letra de la canción en la hoja de papel o en la cartulina y cántala con la melodía de «Era un gato grande».

Soy un cocodrilo,
Que nada en el agua,
Soy un cocodrilo,
Que abre la boca.
¡Zas! ¡Zas! ¡Zas!

Soy un cocodrilo,
Que busca su comida.
Soy un cocodrilo,
Que busca su comida.
¡Zas! ¡Zas! ¡Zas!

Soy una gallinita,
Que pasea y picotea,
Soy una gallinita
Que pasea y picotea,
¡Clo! ¡Clo! ¡Clo!

Hermano cocodrilo,
Que nadas en el agua,
Hermana gallinita,
Que paseas y picoteas,
¡Zas! ¡Clo! ¡Zas! ¡Clo!
Fa-mi-lia.

🌀 Canta o tararea la canción más de una vez y extiende la cartulina para que los niños lean la letra o «finjan» leerla mientras canten.

FAMILIAS DE ANIMALES

Materiales

Fotografías de revistas de diferentes tipos de animales o animales de plástico que incluyan mamíferos, aves, peces e insectos.

Pasos a seguir

◉ Enseña a los niños las fotos de los animales o las figuras de plástico y comenta en qué se parecen y en qué se diferencian.

◉ Anima a los niños a clasificar las fotos o las figuras que sean parecidas.

◉ Pregúntales qué criterio han seguido para clasificar los animales.

La joroba del Camello

EN ESTA VERSIÓN DE UNA HISTORIA
DE RUDYARD KIPLING, UN GENIO LE DA UNA
JOROBA A UN CAMELLO PEREZOSO POR NEGARSE
A AYUDAR A LOS DEMÁS ANIMALES.

Cuando el mundo era nuevo había muchas cosas que hacer, y todos los animales tenían que trabajar mucho. El camello vivía en el desierto de Howling porque no quería trabajar. Comía ramas, espinos y algodoncillos. Nunca trabajaba ni hablaba. Si alguien le dirigía la palabra lo único que decía era «¡Bah!».

Simula que masticas.

Usa un tono de súplica.

Un día pasó por el desierto el caballo con una silla en el lomo y un bocado en el hocico. Al ver al camello le dijo: «Camello, ven con nosotros a trabajar. Hay muchas cosas que hacer».

El camello miró al caballo y dijo: «Bah». Entonces el caballo se marchó y le dijo al hombre que el camello no quería trabajar y que sólo decía «¡Bah!».

Usa un tono de súplica.

Poco después llegó al desierto el perro con un palo en la boca. Miró al camello y le dijo: «Camello, ven con nosotros a trabajar. Hay muchas cosas que hacer».

El camello miró al perro y dijo: «¡Bah!».

El perro fue a decir al hombre que el camello no quería trabajar y que sólo decía «¡Bah!».

Usa un tono de súplica.

Más tarde pasó por el desierto el buey con un yugo en el cuello. Al ver al camello le dijo: «Camello, ven a arar y a trabajar con nosotros. Hay muchas cosas que hacer».

«¡Bah!», dijo el camello.

El buey fue a decir al hombre que el camello no quería trabajar y que sólo decía «¡Bah!».

Al final del día el hombre llamó al caballo, al perro y al buey y les dijo: «El mundo es nuevo y hay muchas cosas que hacer. Como el camello no quiere trabajar, vosotros tres tendréis que trabajar el doble para compensarlo».

Usa una voz grave.

El caballo, el perro y el buey se enfadaron mucho y decidieron reunirse a la orilla del desierto para hablar de su problema. El camello pasó por donde estaban reunidos, dijo «¡Bah!» y se marchó.

Levanta tres dedos.

Entonces llegó el genio de todos los desiertos en medio de una nube de polvo y se detuvo donde estaban reunidos el caballo, el perro y el buey.

«Genio de todos los desiertos, ¿es justo que alguien no trabaje cuando el mundo es tan nuevo y hay tantas cosas que hacer?», le preguntaron.

Habla con voz desesperada.

«Desde luego que no», dijo el genio. «¿Quién se niega a trabajar?»

El caballo dijo: «En medio del desierto de Howling hay un animal con el cuello y las patas muy largas que no trabaja nunca. Sólo dice «¡Bah!».

Asiente con la cabeza.

«Ése debe ser el camello», dijo el genio.

«No quiere cargar nada», dijo el perro.

«No quiere arar», dijo el buey.

«¿Hace algo?», preguntó el genio.

«Sólo dice "¡Bah!"», dijeron los tres.

Gira las manos.

El genio se elevó dando vueltas en el aire y se fue volando por el desierto. Cuando encontró al camello mirándose en un charco de agua le preguntó: «¿Es verdad que no quieres trabajar cuando el mundo es tan nuevo y hay tantas cosas que hacer?».

«¡Bah!», dijo el camello sin dejar de mirarse en el charco.

«Como tú te niegas a trabajar, el caballo, el perro y el buey tienen que trabajar el doble. Tienen que hacer todo el trabajo», dijo el genio.

Usa un tono furioso.

«¡Bah!», dijo el camello.

«No deberías repetir esa palabra. Si la dices una vez más podrías arrepentirte», dijo el genio.

Pon cara de asombro y habla despacio.

El camello dijo: «¡Bah!».

De repente el lomo del camello comenzó a hincharse y a hincharse hasta que se le formó una gran joroba.

Usa un tono desconcertado.

«Esa joroba que tienes en el lomo te ha salido por no trabajar. Pero ahora vas a trabajar», dijo el genio.

«¿Cómo?», preguntó el camello.

«Has perdido tres días de trabajo, así que ahora estarás tres días sin comer. Trabajarás sin parar durante tres días seguidos. Como puedes vivir de tu joroba, no comerás ni beberás nada. Trabajarás mucho.»

El camello se unió al caballo, al perro y al buey y los ayudó a trabajar.

Desde entonces el camello tiene una joroba para poder trabajar tres días sin comer ni descansar. Y nunca ha vuelto a decir «¡Bah!». **Levanta tres dedos**.

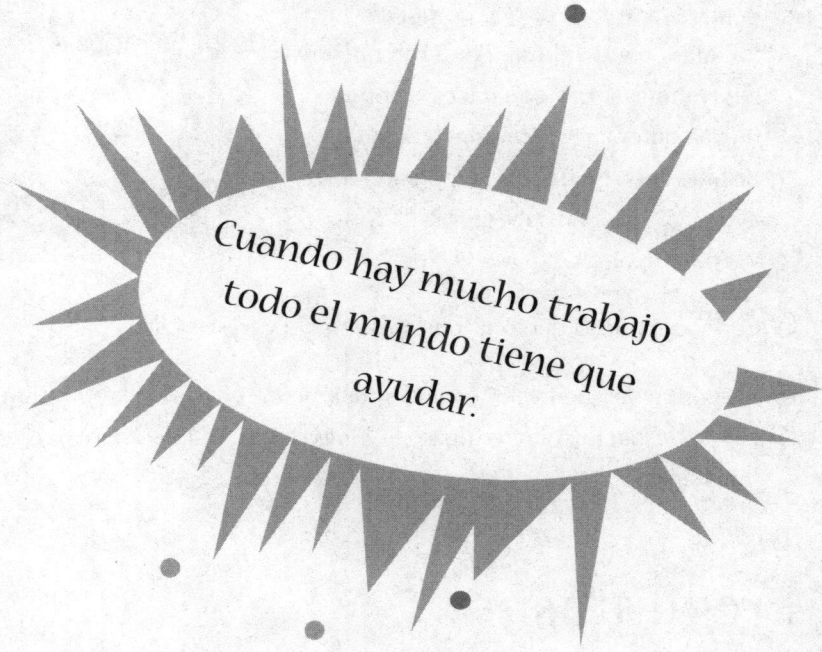

Cuando hay mucho trabajo todo el mundo tiene que ayudar.

Consejos para narrar la historia

◉ Prueba diferentes maneras de decir «Bah» que se ajusten a la actitud del camello. Cuando elijas un tono usa siempre el mismo.

◉ Repite la frase «¿Por qué no quieres trabajar cuando el mundo es tan nuevo y hay tantas cosas que hacer?» con la misma entonación aunque la digan distintos personajes. Las repeticiones ayudan a los niños a seguir la historia y a participar en la narración.

◉ Cuando hable el genio usa una voz suave y misteriosa.

◉ Asegúrate de que los niños tienen tiempo de visualizar la transformación del camello. Habla despacio cuando digas «El lomo del camello comenzó a hincharse y a hincharse...».

Preguntas

◉ ¿Qué tipo de trabajo hacían el caballo, el perro y el buey?

◉ ¿Te has enfadado alguna vez cuando alguien no te ha ayudado a hacer algo?

◉ ¿Por qué pudo trabajar el camello tres días seguidos sin comer cuando le salió la joroba?

EL CAMELLO MISTERIOSO

Materiales

Cuentos, artículos de revistas o enciclopedias que hablen de camellos

Papel

Pinturas o rotuladores

Pasos a seguir

- Muestra a los niños un libro o un artículo en el que haya fotografías de camellos.

- Léeles parte de la información, sobre todo la relacionada con la joroba y lo que contiene.

- Anima a los niños a dibujar un camello con una o más jorobas.

JUEGOS DE ARENA

Materiales

Bañera de plástico o recipiente grande

Arena blanca

Utensilios domésticos para jugar con la arena: tazas con medidas, cucharas, tenedores, tamiz, cuencos pequeños, botellas de plástico vacías, colador

Pasos a seguir

- Echa en la bañera unos ocho centímetros de arena.
- Coloca la bañera llena de arena en un lugar donde los niños puedan examinarla.
- Incluye varios utensilios domésticos para ampliar las posibilidades.
- Pregunta a los niños qué tacto tiene la arena. ¿Cómo se mueve? ¿Se puede medir? ¿Pueden construir algo con ella?
- Añade un poco de agua para que puedan moldearla.

Por qué el burro vive con el hombre

EN ESTA HISTORIA, BASADA EN UN CUENTO MEJICANO, SE CUENTA POR QUÉ EL BURRO BENITO DECIDIÓ DEJAR DE SER LIBRE PARA VIVIR EN LA TIERRA DEL HOMBRE, DONDE TENDRÍA QUE TRABAJAR A CAMBIO DE HIERBA Y AGUA FRESCA.

Érase una vez un burro llamado Benito que vivía en un lugar en el que se sentía muy seguro. Benito era feliz allí, pero a veces se quejaba: «Ji-jo, ji-jo. Esto es tan seco que sólo hay artemisas y cactus para comer. Me gustaría vivir en un sitio con hierba para pastar y agua fresca para beber».

Lanza un suspiro de tristeza.

Pero Benito seguía en la meseta porque allí estaba a salvo del león de la montaña, que no iba a las zonas donde había tan poca agua.

Un día, cansado de comer cactus y artemisas y de temer al león de la montaña, Benito dijo: «Si me encuentro alguna vez con el león de la montaña no le tendré miedo. Le daré la espalda y le cocearé por toda la meseta con mis patas traseras». Y tras pronunciar esas palabras Benito comenzó a correr y dio coces a todos los matorrales que encontró a su paso.

Simula que das patadas.

Cuando Benito terminó de dar coces oyó algo detrás de él, y al darse la vuelta vio al coyote.

«Buenos días, Benito», dijo el coyote. «Me alegro de ver que te diviertes en la meseta.»

Usa un tono malicioso cuando hable el coyote.

«¿Por qué me acechas?», preguntó Benito. «Pensaba que eras el león de la montaña. Deberías respetar a los demás en vez de ir por ahí acechando y asustando.»

«¿No te alegras de ver a tu querido amigo?», dijo el coyote.

Esboza una sonrisa falsa.

«Te conozco bien, coyote. ¿Qué quieres de mí?», le preguntó Benito.

«Amigo Benito, precisamente esta mañana me ha preguntado por ti el león de la montaña. "¿Sabes por dónde anda Benito? He estado buscándolo", me ha dicho. Yo he pensado que sólo podías estar en dos lugares. Puesto que no estabas allí, tenías que estar aquí, en la meseta. Así que he decidido venir para hacerte una visita. Y aquí estás.»

Señala en diferentes direcciones.

«¿Le has dicho al león de la montaña dónde ibas a buscarme?», preguntó Benito.

«No», dijo el coyote, «pero quiere que le diga dónde estás.»

«Eres un granuja, coyote. Piensas decirle al león dónde estoy, y por eso mereces que te cocee.»

Cuando Benito se dio la vuelta para cocearle, dijo el coyote: «Te equivocas, amigo. No le he dicho dónde estabas. He venido para decirte que el león anda buscándote, no para decirle dónde puede encontrarte».

«No sé si creerte, coyote. No me fío de ti», dijo Benito.

«¿Te gustaría vivir en un lugar donde estarías a salvo del león de la montaña?», preguntó el coyote. «¿En un lugar lleno de pastos verdes y abundante agua para beber?»

«¿Dónde está ese lugar?», preguntó Benito.

Cambia el tono para mostrar interés.

«Al pie de esas colinas que están debajo de la meseta», respondió señalando los pastos que se veían a lo lejos. «Allí vive el hombre, la única criatura a la que teme el león de la montaña. Allí estarás seguro», dijo el coyote con malicia.

Señala a lo lejos.

«He oído hablar del hombre», dijo Benito. «Los animales que viven en su cercado tienen que trabajar para él. Les da hierba y agua fresca en abundancia, pero no son libres. No pueden ir donde quieren.»

«Pero en el cercado están protegidos, porque allí el león no puede comérselos», dijo el coyote.

«¿Por qué te preocupa lo que me pueda pasar?», preguntó Benito.

«Querido amigo», dijo el coyote, «cuando pienso en el malvado león de la montaña y en los animales indefensos a los que ataca no puedo dejar de preocuparme por ti.»

«¿Eso es lo único que te importa?», preguntó Benito.

Usa un tono triste.

«Bueno, hay otra cosa. Las gallinas que están en el cercado del hombre se pasan el día cloqueando y chillando y dicen que quieren ser libres. Incluso escarban agujeros en la tierra para intentar escapar. Me gustaría ayudarlas a salir de allí. Lo he intentado muchas veces, pero el hombre no las deja marcharse», dijo el coyote a punto de llorar.

Sonríe maliciosamente.

«Amigo Benito, yo puedo llevarte a la tierra del hombre, donde estarás siempre a salvo del león de la montaña. Una tierra donde hay hierba y agua fresca en abundancia. Cuando lleguemos allí podrías hacer un agujero con tus fuertes patas traseras para que pasen por él las gallinas y yo pueda liberarlas. Yo te ayudo a ti y tú me ayudas a liberar a esas sabrosas... quiero decir a esas pobres gallinas que quieren ser libres.»

Benito miró al coyote, que le estaba mirando con ojos suplicantes. «Coyote, yo soy un burro honrado. Lo único que quieres es que te ayude a robar esas gallinas al hombre.»

«¡Así es como me pagas, sospechando que quiero robar las gallinas! Lo que te mereces es que te coma el león de la montaña», respondió el coyote.

«¡Fuera de mi meseta, coyote!», dijo Benito. Luego se dio la vuelta y comenzó a dar coces al coyote con sus patas traseras. Lo coceó con tanta fuerza que salió volando por los aires y aterrizó junto a unos cactus. Mientras el coyote se levantaba y salía corriendo gritó a Benito: «Ahora le diré al léon de la montaña dónde puede encontrarte».

Simula que das patadas.

«Ji-jo, ji-jo», se rió Benito mientras iba trotando hacia la tierra del hombre. Después de saltar la cerca le preguntó al hombre si podía quedarse allí, donde había hierba y agua fresca en abundancia y no podía entrar el león de la montaña.

Ponte las manos alrededor de la boca como si gritaras.

El hombre accedió, pero le dijo que tendría que trabajar para ganarse el sustento. Desde entonces el burro trabaja para el hombre a cambio de hierba y agua fresca. Y cada vez que un coyote se acerca a las gallinas comienza a rebuznar y a dar coces con sus patas traseras.

POR QUÉ EL BURRO VIVE CON EL HOMBRE

No te fíes de los embaucadores que te prometan una vida fácil.

Consejos para narrar la historia

- Antes de contar el cuento intenta rebuznar como un burro o un mulo.

- Practica unos cuantos tonos maliciosos o engañosos. Usa un tono un poco arrogante cuando hable el coyote.

Preguntas

- ¿Crees que Benito era feliz en la meseta?

- ¿Por qué crees que el coyote quería liberar a las gallinas?

- Si tú fueras Benito, ¿preferirías vivir en la meseta o en la tierra del hombre? ¿Por qué?

VOCES DE ANIMALES

Materiales

Ninguno

Pasos a seguir

◎ Anima a los niños a rebuznar como el burro, a cloquear como las gallinas y a rugir como el león de la montaña.

◎ Vuelve a contar el cuento para que los niños añadan los efectos sonoros.

MESETA

Materiales

Fotografías de una meseta

Cactus (opcional)

Papel

Pinturas o rotuladores

Pasos a seguir

- Habla de la meseta donde vivía Benito. Explica a los niños que una meseta es un lugar elevado donde crecen plantas que necesitan poca agua. En esas zonas suele haber cactus y artemisas.

- Si es posible, deja que los niños miren y toquen con cuidado los cactus.

- Enséñales una foto de una meseta y habla de las diferencias entre este tipo de tierra y la del hombre, donde había mucha hierba y agua fresca.

- Anima a los niños a dibujar a Benito en la meseta o en la tierra del hombre. Diles que comparen sus dibujos y que hablen de las diferencias que haya en ellos.

El elefantito Curioso

ESTA VERSIÓN DE UNA HISTORIA DE RUDYARD
KIPLING TRATA DE UN ELEFANTITO CURIOSO
QUE NO DEJA DE HACER PREGUNTAS A TODO
EL MUNDO, INCLUSO A UN PELIGROSO
COCODRILO QUE INTENTA COMÉRSELO.

Hace mucho tiempo los elefantes no tenían trompa. Sólo tenían una nariz pequeña, más o menos como un zapato. Los elefantes podían mover la nariz de un lado a otro, pero no podían coger nada con ella.

Indica el tamaño con las manos.

Un elefantito que vivía en África tenía una curiosidad insaciable, y se pasaba el día haciendo preguntas. Preguntaba a su tío el avestruz: «¿Por qué son tan largas las plumas de tu cola?». Preguntaba a su tía la jirafa: «¿Por qué tienes manchas en la piel?». Era tan curioso que no podía dejar de hacer preguntas. Preguntaba a su tío el hipopótamo: «¿Por qué tienes los ojos tan rojos?». Y preguntaba a su tío el babuino: «¿Por qué son tan ricos los melones?».

Pon una voz infantil cuando hable el elefante.

Nunca se cansaba de hacer preguntas, porque tenía una curiosidad insaciable. Hacía preguntas sobre todo lo que veía, lo que oía, lo que olía, lo que sentía y lo que tocaba. Hasta que sus tíos y sus tías se cansaron de tantas preguntas y le dijeron que era demasiado curioso.

Frunce el ceño y pon cara de enfado.

Una mañana al elefantito se le ocurrió una pregunta muy interesante que no había preguntado nunca: «¿Qué come el cocodrilo a la hora de la cena?».

Todos le dijeron: «Cállate. No hagas más preguntas».

Usa un tono serio.

Mientras el elefantito se marchaba vio al pájaro Kolokolo, y le dijo: «Todos están enfadados conmigo, y me han dicho que me calle. Dicen que hago demasiadas preguntas. Pero yo quiero saber qué come el cocodrilo a la hora de la cena».

Mueve los brazos como si fuesen alas.

El pájaro Kolokolo dijo al elefantito: «Vete al río Limpopo, siéntate en la orilla y lo averiguarás».

Al día siguiente el elefantito preparó una cesta con comida: cincuenta kilos de plátanos, cincuenta kilos de caña de azúcar y diecisiete melones. Se despidió de toda su familia y les dijo: «Voy al gran río Limpopo para ver qué come el cocodrilo a la hora de la cena».

Agita la mano.

Todos le desearon buena suerte y le dijeron que esperaban que encontrara la respuesta a su pregunta.

El elefantito viajó hacia el nordeste comiendo plátanos, caña de azúcar y melones todo el tiempo. Iba dejando las cáscaras y las peladuras en el suelo, porque no podía recogerlas con una nariz tan corta. Cuando llegó por fin al gran río Limpopo se sentó en la orilla junto a unos eucaliptos.

Lanza un suspiro.

Ahora bien, el elefantito no había visto nunca a un cocodrilo. No sabía qué aspecto tenía. Pero aún le quedaban muchas preguntas porque su curiosidad era insaciable. Lo primero que vio fue una serpiente pitón bicolor enrollada en una roca.

«Discúlpame», dijo el elefantito, que era muy educado. «¿Has visto a un cocodrilo por aquí?»

Usa un tono solemne.

«¿Que si he visto a un cocodrilo?», dijo la serpiente pitón bicolor muy indignada. «¿Qué más vas a preguntarme?»

«Discúlpame. ¿Podrías decirme qué come el cocodrilo a la hora de la cena?», preguntó el elefantito.

La serpiente pitón bicolor dijo al elefantito: «Vete hasta la orilla del gran río Limpopo y siéntate junto a los árboles. Allí encontrarás al cocodrilo y podrás ver qué come».

El elefantito dio las gracias a la serpiente pitón bicolor y fue hacia el río. Cuando se sentó en la orilla vio a una criatura larga y verde descansando en el borde del agua.

«Discúlpame», dijo el elefantito educadamente. «¿Has visto a un cocodrilo por aquí?»

El cocodrilo guiñó un ojo y sacó su cola del barro. «Acércate, pequeño», le dijo. «¿Por qué me haces esa pregunta?» **Habla despacio y usa un tono amenazador.**

«Quiero saber qué come un cocodrilo a la hora de la cena», respondió el elefantito.

«Acércate, pequeño. Yo soy el cocodrilo.»

El elefantito se puso muy contento y se arrodilló en la orilla. «Tú eres el cocodrilo que he estado buscando todos estos días. ¿Podrías decirme qué comes para cenar?» **Usa un tono emocionado.**

«Acércate, pequeño. Te diré la respuesta al oído», dijo el cocodrilo.

El elefantito acercó la cabeza a la enorme boca del cocodrilo porque quería escuchar la respuesta a su pregunta. **Inclina la cabeza hacia adelante.**

«¿Que qué como para cenar? Me parece que hoy comeré un elefantito.» Y de repente enganchó al elefantito por la nariz.

Habla con la nariz tapada.

Al elefantito no le hizo ninguna gracia, y dijo con voz gangosa: «Suéltame. Me estás haciendo daño».

La sepiente pitón bicolor se deslizó hasta la orilla del río y gritó: «Amigo mío, tira todo lo fuerte que puedas. Si no lo haces el cocodrilo te arrastrará al agua».

El elefantito se sentó sobre sus patas, tiró con todas sus fuerzas y su nariz comenzó a estirarse. El cocodrilo daba coletazos en el agua mientras tiraba de la nariz del elefantito.

Abre los brazos despacio.

La nariz de elefantito se alargaba cada vez más. El elefantito apoyó bien sus patas en el suelo y siguió tirando. Su nariz se iba alargando y alargando mientras el cocodrilo tiraba de ella. Fue alargándose cada vez más hasta que llegó a medir casi metro y medio.

Abre los brazos del todo.

Entonces la serpiente pitón bicolor se enrolló alrededor del elefantito y le ayudó a seguir tirando. Cuando el cocodrilo soltó por fin la nariz del elefantito hizo un fuerte ruido que se oyó a ambas orillas del gran río Limpopo.

Da una palmada.

El elefantito se alegraba de haberse librado del cocodrilo, pero ahora tenía la nariz muy larga y deformada. La envolvió en hojas de platanero y la metió en el agua del gran río Limpopo.

Simula que examinas una nariz larga.

«¿Qué estás haciendo?», preguntó la serpiente pitón bicolor.

«Discúlpame», dijo el elefantito, «pero estoy esperando a que mi nariz se encoja».

«Vas a tener que esperar mucho. ¿Por qué no piensas en todo lo que podrías hacer con esa trompa tan larga?»

En ese momento se posó una mosca en la cabeza del elefantito, que levantó su larga trompa y la espantó. Eso no podía hacerlo con la nariz chata. Después comenzó a sentir hambre. Cogió un manojo de hierba con la trompa y se lo metió en la boca. Eso no podía hacerlo con la nariz chata.

Simula que arrancas hierba.

Cuando empezó a hacer mucho calor el elefantito metió su larga trompa en las aguas verdosas del gran río Limpopo y se echó barro y agua fresca por la cabeza. El agua le cayó por el lomo y le refrescó todo el cuerpo. Eso no podía hacerlo con la nariz chata.

Simula que te echas agua.

El elefantito decidió volver a casa para enseñar a toda su familia su larga trompa y las cosas maravillosas que podía hacer con ella.

De vuelta a casa comió toda la fruta que quiso de los árboles más altos, se rascó el lomo con una rama y se echó agua por la cabeza cuando sintió calor. Incluso recogió las cortezas de melón que había tirado al ir hacia el río. Esas cosas no podría haberlas hecho con la nariz chata. Pero lo que más le gustaba era el bello sonido que hacía su trompa cuando cantaba. Parecía una banda de trompetas.

Pon cara de felicidad.

Cuando el elefantito llegó a casa esa noche, todos se alegraron mucho de verlo.

Entonces les habló de su viaje al gran río Limpopo.

Habla con orgullo.

«Le pregunté al cocodrilo qué comía para cenar, y él me dio esta trompa tan larga», dijo el elefantito.

Algunos animales comentaron que su trompa era fea, pero el elefantito dijo: «Puede que sea fea, pero es muy útil». Luego les enseñó cómo cogía fruta de los árboles más altos, cómo arrancaba manojos de hierba y se los metía en la boca y cómo se echaba agua sobre la cabeza cuando hacía calor. Y por último les mostró el potente sonido que podía hacer con la trompa, que parecía una banda de trompetas.

Imita el sonido de una trompeta.

Todos los miembros de su familia se quedaron impresionados, y pensaron que la trompa era muy útil. Así que fueron uno tras otro a las orillas del gran río Limpopo para que el cocodrilo les alargara la nariz.

Desde entonces todos los elefantes tienen una trompa larga y muy práctica exactamente igual que la del elefantito curioso.

Si haces preguntas, encontrarás las respuestas.

EL ELEFANTITO CURIOSO

Consejos para narrar la historia

- Antes de contar el cuento explica el significado de la palabra *insaciable*. Di que se usa cuando alguien tiene muchas ganas de saber cosas y no deja de hacer preguntas.

- Esta historia incluye algunas expresiones líricas con una gran sonoridad. Utiliza una voz especial cuando digas *curiosidad insaciable*; *gran río Limpopo*; *discúlpame* y *serpiente pitón bicolor*.

- Los niños suelen hacer muchas preguntas, y se identificarán con el elefantito curioso. Intenta usar un tono curioso e infantil cuando el elefantito haga preguntas.

- Para que la escena en la que el cocodrilo tira de la nariz del elefantito resulte más divertida, tápate la nariz cuando hable el elefantito.

- Tómate tu tiempo cuando digas todo lo que puede hacer el elefantito con su nariz de metro y medio. Así los niños comprenderán que el cambio es positivo y que hacer preguntas es bueno.

Preguntas

- ¿Por qué crees que el elefantito hacía tantas preguntas?
- ¿Cómo averiguó el elefantito qué comía el cocodrilo?
- ¿Has sentido alguna vez mucha curiosidad por algo? ¿Qué has hecho?

LIBRO DE LA SELVA

Materiales

Libros o revistas con fotografías de animales salvajes

Bolsas de plástico transparente

Trozos pequeños de cartón

Cola

Tijeras

Cinta adhesiva

Pasos a seguir

- Busca con los niños en un libro o una revista fotos de animales que vivan en la selva.
- Habla de algunos de esos animales.
- Si la revista es vieja deja que los niños recorten las fotos y las peguen en trozos de cartón.
- Mete los cartones en bolsas de plástico y pégalas con cinta adhesiva para hacer un libro de la selva que los niños podrán «leer» una y otra vez.

COSAS ELÁSTICAS

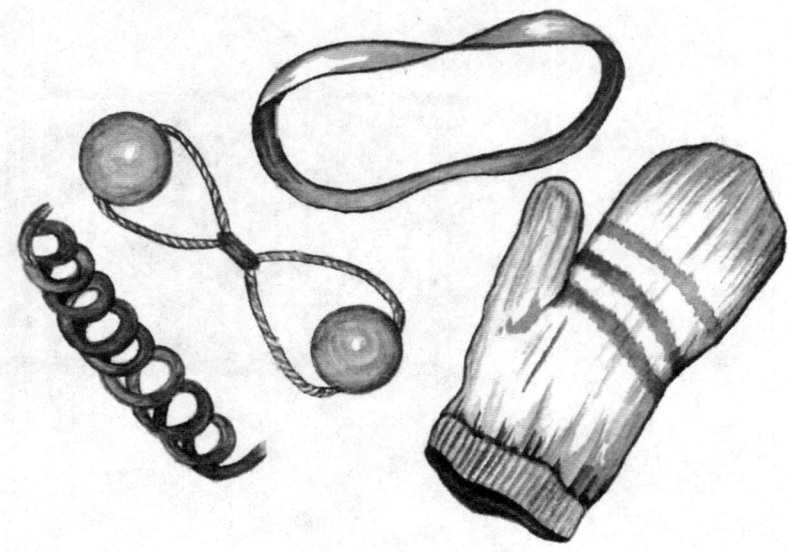

Materiales

Varios objetos y materiales que se estiren y otros que no se estiren. Los primeros pueden incluir telas elásticas, gomas, calcetines, guantes, cintas de pelo y anillas.

Pasos a seguir

◉ Da a los niños varios objetos y materiales para que los examinen.

◉ Pregúntales qué cosas se estiran y cuáles no.

◉ Deja que las miren y las estiren para averiguarlo.

◉ Cuando hayan examinado los objetos y los materiales anímalos a clasificarlos en dos categorías: elásticos y no elásticos.

EXPERIENCIAS PERSONALES

Materiales

Ninguno

Pasos a seguir

- Después de contar el cuento, habla del elefantito curioso y pregunta a los niños si les han dicho alguna vez que hacen demasiadas preguntas.

- Si alguno dice que sí, anímale a hablar de su experiencia. Así es como se aprende a narrar historias.

- Si no dicen nada cuéntales una experiencia personal en la que hayas tenido que preguntar algo para obtener una respuesta.

EL ELEFANTITO CURIOSO

NIÑOS CURIOSOS

Materiales

Hoja de papel

Rotulador

Pasos a seguir

- Pregunta a los niños si hay algo que les gustaría saber.

- Escribe sus preguntas en el papel.

- Cuando el papel esté lleno o no tengan más preguntas, elige unas cuantas para averiguar las respuestas.

- Ayuda a los niños a buscar las respuestas consultando libros, preguntando a otras personas o investigando.

> ? ? ? ? ?
> ¿Por qué el cielo es azul?
> ¿Qué comen los caballos?
> ¿Cómo vuelan los pájaros?
> ¿Por qué está oscuro de noche?
> ¿Cómo nadan los peces?
> ¿De dónde viene la nieve?

Fichas

EL SASTRE AHORRADOR

PERSONAJE: SASTRE AHORRADOR

- Un sastre muy trabajador necesitaba un abrigo para el invierno.
- Cosió mucho y ahorró dinero para comprar la tela que necesitaba.
- Se hizo un abrigo muy calentito, del que estaba muy orgulloso.
- Se lo ponía cuando hacía frío y cuando refrescaba un poco.
- Se puso el abrigo hasta que se desgastó.
- No quería tirarlo, así que lo miró bien.
- Encontró un trozo de tela que no estaba desgastado.
- Se dio cuenta de que se podía aprovechar para hacer una chaqueta.
- Se hizo una bonita chaqueta, de la que estaba muy orgulloso.
- Se la ponía cuando hacía frío y cuando estaba nublado.
- Se puso la chaqueta hasta que se desgastó.
- No quería tirarla, así que la miró bien.
- Encontró un trozo de tela que no estaba desgastado.
- Se dio cuenta de que se podía aprovechar para hacer un chaleco.
- Se hizo un elegante chaleco, del que estaba muy orgulloso.
- Se lo ponía cuando hacía frío y calor y cuando estaba nublado.
- Se puso el chaleco hasta que se desgastó.

- No quería tirarlo, así que lo miró bien.
- Encontró un trozo de tela que no estaba desgastado.
- Se dio cuenta de que se podía aprovechar para hacer un gorro.
- Se hizo un gorro pequeño, del que estaba muy orgulloso.
- Se lo ponía cuando hacía frío o calor.
- Se puso el gorro hasta que se desgastó.
- No quería tirarlo, así que lo miró bien.
- Encontró un trocito de tela que no estaba desgastado.
- Lo cortó y se hizo con él un botón muy especial.
- Estaba muy orgulloso de su botón, y se lo ponía a menudo.
- Se puso el botón especial hasta que se desgastó.
- No quería tirarlo, así que lo miró bien.
- Se dio cuenta de que quedaba lo suficiente para hacer un cuento.

JACK EL PEREZOSO

PERSONAJES: MADRE, JACK, GRANJERO, LECHERO, DUEÑA DE LA TIENDA DE QUESOS, PANADERO, CARNICERO, BURRO, HOMBRE RICO, MUCHACHA

- Una mujer muy trabajadora tenía un hijo muy vago que nunca hacía nada.

- La mujer se cansó de que fuera tan perezoso.

- Le dijo que tenía que trabajar para pagarse la comida.

- Jack consiguió un trabajo en una granja y ganó un céntimo.

- Cuando volvía a casa perdió el céntimo al cruzar un puente.

- Su madre dijo: «Deberías haberlo guardado en el bolsillo». Y él respondió: «Lo haré la próxima vez».

- Jack trabajó en una lechería y le dieron una jarra de leche.

- Se metió la jarra en el bolsillo y la leche se cayó.

- Su madre dijo: «Deberías haberla traído sobre la cabeza». Y él respondió: «Lo haré la próxima vez».

- Jack encontró trabajo en una tienda de quesos y le dieron un queso.

- Se puso el queso sobre la cabeza y se derritió por su cara.

- Su madre dijo: «Deberías haberlo traído en las manos». Y él respondió: «Lo haré la próxima vez».

- Jack trabajó en una panadería y le dieron un gato.

- Intentó agarrarlo con las manos, pero le arañó y se le escapó.

- Su madre dijo: «Deberías haberlo traído atado a una cuerda». Y él respondió: «Lo haré la próxima vez».

- Jack trabajó en una carnicería y le dieron un jamón.

- Lo ató con una cuerda y lo llevó a casa arrastrándolo por el suelo.

- Su madre dijo: «Deberías haberlo traído en el hombro». Y él respondió: «Lo haré la próxima vez».

- Jack trabajó en una cuadra y le dieron un burro.

- Aunque pesaba mucho consiguió cargarlo sobre los hombros.

- De vuelta a casa, el burro comenzó a dar coces y a rebuznar.

- Por el camino pasó por delante de la casa de un hombre rico.

- Su hija estaba enferma y nunca se había reído.

- Cuando vio a Jack se echó a reír a carcajadas.

- Se rió tanto que se curó enseguida.

- Su padre se alegró mucho y le regaló a Jack dinero y una casa.

LA OLLA PARLANTE

PERSONAJES: HOMBRE Y MUJER POBRES, DESCONOCIDO, OLLA PARLANTE, MUJER RICA, TRABAJADORES, HOMBRE RICO

- Un hombre pobre que no tenía nada para comer decidió vender su vaca.
- Cuando iba hacia el mercado se encontró con un desconocido que quería comprarla.
- En lugar de dinero le ofreció una olla.
- La olla dijo: «Si me llevas contigo no te arrepentirás».
- El hombre la llevó a su casa y se la enseñó a su mujer.
- Ella se enfadó porque había cambiado la vaca por una olla.
- La olla dijo: «Límpiame, sácame brillo y cuélgame junto al fuego».
- La mujer pensó que podía tener valor y lo hizo.
- Al día siguiente la olla dijo: «Me voy, me voy».
- Fue por colinas y valles a a casa del hombre rico.
- La mujer rica preparó un pudín en la olla.
- La olla volvió a la choza de la pareja pobre con el pudín.
- El hombre pobre y su mujer se lo agradecieron.
- La mujer limpió y sacó brillo a la olla y la colgó junto al fuego.
- Al día siguiente la olla dijo: «Me voy, me voy».
- La olla fue al granero del hombre rico.

- Sus trabajadores llenaron la olla de trigo.
- La olla volvió a la choza con el trigo.
- El hombre pobre y su mujer se lo agradecieron.
- La mujer limpió y sacó brillo a la olla y la colgó junto al fuego.
- Al día siguiente la olla dijo: «Me voy, me voy».
- La olla fue a la oficina del hombre rico.
- El hombre rico echó en la olla puñados de monedas.
- La olla volvió a la choza con las monedas.
- El hombre pobre y su mujer se lo agradecieron.
- Con tanto oro jamás volverían a ser pobres.
- La mujer limpió y sacó brillo a la olla y la colgó junto al fuego.
- Al día siguiente la olla dijo: «Me voy, me voy».
- La olla fue a la casa del hombre que había sido rico.
- Al verla, el hombre comenzó a gritar.
- «Me voy, me voy», dijo la olla.
- El hombre dijo: «Por mí como si te vas al Polo Norte».
- La olla agarró del brazo al hombre que había sido rico.
- Y se puso en marcha hacia el Polo Norte.

EL PESCADOR Y SU MUJER

PERSONAJES: PESCADOR, MUJER, PEZ MÁGICO

- Un pescador vivía con su mujer en una cabaña miserable en lo alto de una colina.
- El pescador iba a pescar todos los días al mar.
- Un día cogió un pez mágico que sabía hablar.
- El pescador lo soltó y el pez se marchó nadando.
- Su mujer se enfadó porque no le había pedido ningún deseo.
- Le dijo que volviera y le pidiera una casa.
- El pescador volvió al mar.
- Llamó: «Pez mágico, pez mágico, tenemos un deseo».
- Cuando el pez apareció, le pidió una casa.
- El pez dijo: «Vuelve para ver qué encuentras».
- Al regresar se encontró con una bonita casa.
- Pero su mujer no estaba contenta y quería un castillo.
- El pescador volvió al mar.
- Llamó: «Pez mágico, pez mágico, tenemos un deseo».
- Cuando el pez apareció le pidió un castillo.
- El pez dijo: «Vuelve para ver qué encuentras».

- Al regresar se encontró con un enorme castillo.
- Pero su mujer no estaba contenta y quería ser reina.
- El pescador volvió al mar.
- Llamó: «Pez mágico, pez mágico, tenemos un deseo».
- Cuando el pez apareció, le pidió que su mujer fuera reina.
- El pez dijo: «Vuelve para ver qué encuentras».
- Al regresar encontró a su mujer en un trono.
- Pero no estaba contenta y quería ser la soberana del universo.
- El pescador volvió al mar, que estaba negro y muy agitado.
- Llamó: «Pez mágico, pez mágico, tenemos un deseo».
- El pez no apareció, así que volvió a llamar.
- Por fin el pez contestó: «¿Qué queréis ahora?».
- El pescador le dijo lo que quería su mujer.
- El pez respondió: «Vuelve para ver qué encuentras».
- Al regresar sólo encontró una cabaña miserable.

EL LEÓN Y EL RATONCITO

PERSONAJES: LEÓN, RATONCITO, MONOS, CEBRAS, BÚFALOS, JIRAFAS, ELEFANTES

- Había una vez un poderoso león que era el rey de la selva.
- Hacía lo que quería y nadie le molestaba.
- Un día el ratoncito pasó por encima de la zarpa del león.
- El león se despertó y lo cogió por la cola.
- El ratoncito suplicó al león que no le hiciera daño.
- Le prometió que algún día le haría un favor.
- El león se rió del ratoncito.
- No creía que un ratón pudiera hacerle ningún favor.
- Pero como no tenía hambre, lo dejó marchar.
- Poco después el león cayó en una trampa.
- Rugió y forcejeó, pero no pudo escapar.
- Llegaron los monos, pero al verlo se rieron de él.

SUSTITUYE EN ESTA FRASE A LOS MONOS POR LAS CEBRAS, LOS BÚFALOS, LAS JIRAFAS Y LOS ELEFANTES.

- El ratoncito fue corriendo a ayudar al león.
- Comenzó a roer y mordisquear las cuerdas de la trampa.
- Hizo un agujero grande para que el león pudiera escapar.
- El león y el ratoncito se hicieron amigos de por vida.

EL NABO GIGANTE

PERSONAJES: ABUELO, ABUELA, MADRE, HIJA, PERRO, GATO, RATONCITO

- Una primavera el abuelo plantó una semilla de nabo.
- Miraba y cuidaba el nabo todos los días.
- El nabo creció hasta convertirse en un nabo gigante.
- El abuelo decidió que había llegado el momento de arrancarlo.
- Tiró con todas sus fuerzas, pero no pudo sacarlo.
- Llamó a la abuela, que fue corriendo a ayudar a su marido.
- Tiraron juntos con todas sus fuerzas, pero no pudieron sacarlo.
- La abuela llamó a su hija, que fue corriendo a ayudarles.
- Tiraron juntos con todas sus fuerzas, pero no pudieron sacarlo.
- La hija llamó a su hija, que fue corriendo a ayudarles.
- Tiraron juntos con todas sus fuerzas, pero no pudieron sacarlo.
- La niña llamó a su perro, que fue ladrando a ayudarles.
- Tiraron juntos con todas sus fuerzas, pero no pudieron sacarlo.
- El perro llamó al gato, que fue corriendo a ayudarles.
- Tiraron juntos con todas sus fuerzas, pero no pudieron sacarlo.
- Un ratoncito oyó el ruido y les ofreció su ayuda.
- Tiró con ellos y el nabo gigante salió de la tierra.
- Esa noche todos comieron el nabo gigante para cenar.

LA GALLINITA ROJA

PERSONAJES: GALLINITA ROJA, BEAGLE, PERCALES, RATÓN GRIS

- La Gallinita Roja vivía junto a una granja en una casa muy limpia.
- Compartía su casa con un perro, un gato y un ratón.
- Un día encontró unos cuantos granos de trigo.
- Se puso muy contenta y fue corriendo a casa a decírselo a sus amigos.
- Beagle, el perro, estaba durmiendo en la entrada.
- Percales, el gato, estaba durmiendo en el alféizar de la ventana.
- El Ratón Gris estaba durmiento junto a su ratonera.
- «¿Quién va a ayudarme a plantar este trigo?», preguntó.
- «Yo no», dijo Beagle (repítelo para Percales y el Ratón Gris).
- «Entonces lo haré yo», dijo la Gallinita Roja, y lo hizo.
- Recogió la cosecha de trigo ella sola.
- «¿Quién va a ayudarme a moler este trigo?», preguntó.
- «Yo no», dijo Beagle (repítelo para Percales y el Ratón Gris).
- «Entonces lo haré yo», dijo la Gallinita Roja.
- Fue al molino y molió el trigo para convertirlo en harina.
- La Gallinita Roja volvió corriendo a casa con la harina.
- «¿Quién va a ayudarme a hacer un pan?», preguntó.

- «Yo no», dijo Beagle (repítelo para Percales y el Ratón Gris).
- «Entonces lo haré yo», dijo la Gallinita Roja, y fue a hacerlo.
- Enseguida un delicioso aroma llenó toda la casa.
- Beagle, Percales y el Ratón Gris se despertaron.
- Fueron a la cocina y se sentaron junto al horno.
- La Gallinita Roja sacó el pan caliente del horno.
- «¿Quién va a ayudarme a comer este pan?», preguntó.
- «Yo», dijo Beagle (repítelo para Percales y el Ratón Gris).
- La Gallinita Roja les dijo que no le habían ayudado.
- «Ahora no vais a ayudarme a comerlo», añadió.
- Y se comió todo el pan ella sola.
- Pero la siguiente vez que les pidió ayuda, la ayudaron.

LOS DUENDES Y EL ZAPATERO

PERSONAJES: ZAPATERO, MUJER, DOS DUENDES, CABALLERO, DAMA, NIÑOS

- Un zapatero pobre tenía una tienda en una calle muy concurrida.
- Sólo le quedaba cuero para hacer un par de zapatos.
- Tenía que vender esos zapatos para comprar comida para su familia.
- Dejó el cuero en la mesa de trabajo para el día siguiente.
- Mientras dormía entraron dos pequeños duendes en la tienda.
- Les gustaba su trabajo y silbaban y cantaban mientras trabajaban.
- Hicieron un par de zapatos de caballero y se marcharon.
- A la mañana siguiente el zapatero encontró los zapatos.
- Puso los zapatos en el escaparate.
- Un caballero los compró y le pagó más de lo que solía cobrar.
- El zapatero compró cuero para otro par de zapatos.
- Dejó el cuero en la mesa de trabajo para el día siguiente.
- Mientras dormía entraron dos pequeños duendes en la tienda.
- Hicieron un par de zapatos de señora y se marcharon antes de que amaneciera.
- A la mañana siguiente el zapatero encontró los zapatos.
- Puso los zapatos en el escaparate.
- Una dama los compró y le pagó más de lo que solía cobrar.

- El zapatero compró cuero para hacer dos pares de zapatos.
- Dejó el cuero en la mesa de trabajo para el día siguiente.
- Mientras dormía entraron dos pequeños duendes en la tienda.
- Hicieron dos pares de zapatos para niños.
- A la mañana siguiente el zapatero encontró los zapatos.
- Puso los zapatos en el escaparate.
- Una madre los compró para sus hijos.
- El zapatero compró cuero para hacer cuatro pares de zapatos.
- Dejó el cuero en la mesa de trabajo para el día siguiente.
- Mientras dormía entraron dos pequeños duendes en la tienda.
- Hicieron cuatro pares de zapatos para una familia.
- A la mañana siguiente una familia pagó mucho dinero por los zapatos.
- Una noche el zapatero y su mujer se escondieron en un armario.
- Vieron a los duendes cortando, martilleando y cosiendo.
- Se dieron cuenta de que no tenían zapatos ni chaquetas.
- El zapatero y su mujer hicieron ropa para los duendes.
- Dejaron la ropa y los zapatos en la mesa de trabajo.
- Esa noche los duendes se probaron la ropa y los zapatos.
- Se pusieron muy contentos y salieron de la tienda bailando.
- No volvieron a aparecer, pero al zapatero no le importó.
- Utilizó sus diseños para hacer muchos pares de zapatos.

LA GRULLA BLANCA

PERSONAJES: PESCADOR, GRULLA BLANCA, MUJER DEL PESCADOR, MUCHACHA, GENTE DEL PUEBLO, VECINA CURIOSA

- Un pobre pescador y su mujer deseaban tener una hija.
- Un día una grulla blanca quedó atrapada en una red.
- El pescador vio a la grulla y la liberó.
- Esa noche alguien llamó a la puerta de su casa.
- Al abrir la puerta el pescador y su mujer vieron a una muchacha.
- Se ofreció a cuidarles en su vejez.
- Durante mucho tiempo fueron muy felices.
- La muchacha se pasaba el día tejiendo en el telar.
- Les dijo que nadie debía mirarla mientras estuviera tejiendo.
- La muchacha les dio una preciosa tela de seda.
- La vendieron y consiguieron mucho dinero para comprar comida.
- Un día fue a visitarles una vecina curiosa.
- Echó un vistazo en la habitación donde estaba tejiendo la muchacha.
- Vio a una grulla que se estaba arrancando sus bellas plumas.
- Luego salió la muchacha con un trozo de tela sin terminar.
- Dijo que tenía que irse porque se había roto el hechizo.
- Delante de sus ojos se convirtió en una grulla.
- Se fue volando, pero el pescador y su mujer no la olvidaron nunca.

LA GALLINA MARCELINA Y SUS AMIGOS

PERSONAJES: GALLINA MARCELINA, GALLO HILARIO, PATO DONATO, PAVO GUSTAVO, GANSO GERVASIO, ZORRO CAMILO

- Un día la gallina Marcelina estaba picoteando en el corral.
- De repente le cayó algo en la cabeza.
- Miró hacia arriba y pensó que el cielo se estaba cayendo.
- Fue a toda prisa a avisar al rey.
- Por el camino se encontró con el gallo Hilario.
- La gallina Marcelina le dijo que el cielo se estaba cayendo.
- El gallo Hilario miró hacia arriba y dijo que no lo veía.
- La gallina Marcelina dijo que le había caído un trozo en la cabeza.
- El gallo Hilario decidió ir con ella para decírselo al rey.
- Comenzó a andar detrás de la gallina Marcelina.

REPITE LAS SEIS ÚLTIMAS FRASES CUANDO SE UNAN «POR EL CAMINO» EL PATO DONATO, EL PAVO GUSTAVO Y EL GANSO GERVASIO.

- Poco después los cinco amigos se encontraron con el zorro Camilo.
- Le dijeron que iban a ver al rey.
- «¿Sabéis por dónde se va al castillo del rey?», les preguntó el zorro.
- Los cinco amigos dijeron que no.

FICHAS

- «Yo os llevaré», dijo maliciosamente el zorro Camilo.
- Los condujo a una cueva y dijo que el castillo estaba al otro lado.
- Ellos le dieron las gracias, pero jamás encontraron al rey.
- Más tarde se encontraron sus plumas junto a la cueva.

QUE VIENE EL LOBO

PERSONAJES: PADRE, MUCHACHO, OVEJAS, VECINOS, LOBO

- Un padre envió a su hijo a las montañas.
- Tenía que cuidar las ovejas durante mucho tiempo.
- Si había algún peligro debía gritar: «¡Lobo! ¡Lobo! ¡Lobo!».
- Entonces los vecinos del pueblo irían a ayudarle.
- Al principio el muchacho estaba muy contento en la montaña.
- Pero al cabo de un tiempo comenzó a sentirse muy solo.
- Se le ocurrió una idea para que los vecinos fueran a verle.
- Fue a la cima de la montaña y gritó: «¡Lobo! ¡Lobo! ¡Lobo!».
- Los vecinos subieron corriendo para ayudarle.
- Se quedaron sorprendidos al no encontrar ningún lobo.
- Estuvieron un rato charlando con él antes de marcharse.
- El muchacho se sintió solo otra vez y gritó: «¡Lobo! ¡Lobo! ¡Lobo!».
- Los vecinos volvieron a subir a la montaña.
- Como no había ningún lobo regresaron a sus casas.
- Un día llegó a la montaña un lobo de verdad.
- El muchacho se asustó y gritó: «¡Lobo! ¡Lobo! ¡Lobo!».
- Los vecinos pensaron que era una broma y no subieron.

◎ El muchacho tiró piedras al lobo y las ovejas salieron corriendo.

◎ El muchacho volvió al pueblo para contar lo que había ocurrido.

◎ Jamás se olvidó del día en que vino el lobo.

LA COLA DE LA ZARIGÜEYA

PERSONAJES: ZARIGÜEYA, ARDILLA, CONEJO, CIERVO, OSO, ANIMALES DEL BOSQUE

- Hace mucho tiempo, la zarigüeya tenía una larga cola muy bonita y frondosa.
- A la zarigüeya les gustaba presumir de su cola.
- Presumía delante de la ardilla, el conejo y el ciervo.
- Todos los animales se cansaron de la zarigüeya.
- Cuando la veían acercarse, salían corriendo.
- En otoño los animales organizaban un baile.
- El oso marcaba el ritmo en un tronco hueco y todos bailaban.
- A la zarigüeya le gustaba mucho ir a esa fiesta.
- Quería exhibir su larga y frondosa cola.
- Durante el baile, le pisaron la cola.
- La zarigüeya gritó, pero nadie pudo oírla.
- Comenzó a tirar para levantar la cola del suelo.
- Siguió tirando hasta que consiguió liberarla.
- Sólo quedaba una cola larga y flaca sin nada de pelo.
- Estaba tan avergonzada que corrió a esconderse.
- Juró que nunca más volvería a salir durante el día.

POR QUÉ LOS COCODRILOS NO COMEN GALLINAS

PERSONAJES: GALLINA, COCODRILO, LAGARTO

- Un día la gallina estaba paseando y picoteando por la orilla del río.
- El cocodrilo la vio y pensó en comérsela.
- «No me comas», dijo la gallina. «Soy tu hermana.»
- El cocodrilo se quedó tan sorprendido que cerró la boca.
- No la creyó, pero era demasiado tarde para atraparla.
- La gallina siguió paseando y picoteando por la orilla del río.
- Al día siguiente ocurrió lo mismo.
- El cocodrilo pensó: «Me ha vuelto a engañar».
- «Mis hermanos son los cocodrilos, no las gallinas.»
- El lagarto, que estaba tomando el sol, le preguntó qué le pasaba.
- El cocodrilo le dijo que era imposible que la gallina fuese su hermana.
- El lagarto le explicó que todos los animales que ponen huevos son hermanos.
- El cocodrilo se quedó triste porque no podía comer a la gallina.
- Al día siguiente la gallina volvió a pasear y picotear por la orilla del río.
- El cocodrilo le preguntó por qué no le tenía miedo.
- Ella respondió: «Porque tú no te comerías a tu hermana».
- Desde entonces el cocodrilo cree que la gallina es su hermana.

LA JOROBA DEL CAMELLO

PERSONAJES: CAMELLO, CABALLO, PERRO, BUEY, HOMBRE, GENIO

- Cuando el mundo era nuevo había muchas cosas que hacer.
- El camello vivía en medio del desierto de Howling.
- No quería trabajar, y se pasaba el día comiendo.
- Cuando alguien le hablaba sólo decía «¡Bah!».
- El caballo le pidió que fuera a trabajar como los demás.
- El camello respondió diciendo «¡Bah!».
- El caballo le dijo al hombre que el camello se negaba a trabajar.
- El perro le pidió que fuera a trabajar como los demás.
- El camello respondió diciendo «¡Bah!».
- El perro le dijo al hombre que el camello se negaba a trabajar.
- El buey le pidió que fuera a trabajar como los demás.
- El camello respondió diciendo «¡Bah!».
- El buey le dijo al hombre que el camello se negaba a trabajar.
- El hombre llamó al caballo, al perro y al buey.
- Les dijo que tendrían que trabajar el doble.
- Se reunieron y decidieron que no era justo.
- El genio de los desiertos llegó en medio de una nube de polvo.

- Se detuvo donde estaban los animales reunidos.
- Le dijeron que el camello no quería trabajar.
- El genio fue volando por el desierto para hablar con el camello.
- «¿Por qué no quieres trabajar?», le preguntó.
- El camello respondió diciendo «¡Bah!».
- El genio le dijo que no repitiera esa palabra.
- El camello respondió diciendo «¡Bah!».
- De repente al camello le salió una gran joroba.
- El genio dijo que ahora podría trabajar sin parar.
- Podría vivir de su joroba sin comer durante tres días.
- Desde entonces el camello tiene una joroba en el lomo.
- Y puede trabajar tres días seguidos sin comer ni descansar.

POR QUÉ EL BURRO VIVE CON EL HOMBRE

PERSONAJES: BENITO, COYOTE (EN LA HISTORIA SE MENCIONAN AL LEÓN DE LA MONTAÑA, AL HOMBRE Y A LAS GALLINAS)

- Un burro llamado Benito vivía en la meseta.
- Estaba triste porque sólo podía comer cactus y artemisas.
- Le gustaría tener hierba para pastar y agua fresca para beber.
- Pero allí estaba a salvo del león de la montaña.
- Un día llegó a la meseta el coyote.
- Le dijo a Benito que el león de la montaña le estaba buscando.
- Le habló de un lugar seguro donde vivía el hombre.
- Allí encontraría pastos y agua fresca en abundancia.
- Y también estaría a salvo del león de la montaña.
- El coyote se ofreció a llevarlo a la tierra del hombre.
- A Benito le interesaba, pero no se fiaba del coyote.
- El coyote dijo que el hombre tenía gallinas encerradas.
- Le pidió a Benito que le ayudara a liberarlas.
- Benito sabía que el coyote quería comerse las gallinas.
- Se dio la vuelta y y lo coceó con sus patas traseras.

FICHAS

- El coyote se marchó corriendo y Benito fue a la tierra del hombre.
- El hombre dijo a Benito que podía quedarse si trabajaba para él.
- Desde entonces el burro vive con el hombre y se gana su sustento.

EL ELEFANTITO CURIOSO

PERSONAJES: ELEFANTITO, AVESTRUZ, JIRAFA, HIPOPÓTAMO, BABUINO, PÁJARO KOLOKOLO, SERPIENTE PITÓN BICOLOR, COCODRILO

- Hace mucho tiempo los elefantes no tenían trompa.
- Su nariz era demasiado corta para coger cosas con ella.
- Un elefantito tenía una curiosidad insaciable.
- Se pasaba el día haciendo preguntas.
- Preguntaba al avestruz por qué eran tan largas las plumas de su cola.
- Preguntaba a la jirafa por qué tenía manchas en la piel.
- Preguntaba al hipopótamo por qué tenía los ojos tan rojos.
- Preguntaba al babuino por qué eran tan ricos los melones.
- Sus tíos y sus tías se cansaron de sus preguntas.
- Le dijeron que era demasiado curioso.
- Preguntó al pájaro Kolokolo qué comía el cocodrilo.
- El pájaro le dijo que fuera al río Limpopo para averiguarlo.
- El elefantito preparó una cesta de comida y se puso en marcha.
- Llegó al gran río Limpopo.
- Allí encontró a la serpiente pitón bicolor.
- Le preguntó qué comía el cocodrilo para cenar.
- La serpiente le dijo que bajara al río para verlo con sus propios ojos.

FICHAS

- El elefantito se acercó a la orilla del río.
- Preguntó a una criatura larga y verde si había visto a un cocodrilo.
- El cocodrilo dijo: «¿Por qué me lo preguntas?».
- «Quiero saber qué come el cocodrilo para cenar.»
- «Acércate, pequeño. Yo soy el cocodrilo.»
- El elefantito se puso muy contento.
- Acercó la cabeza a la boca del cocodrilo.
- El cocodrilo agarró al elefantito por la nariz.
- La serpiente dijo al elefantito que tirara con fuerza.
- Comenzó a tirar y se le empezó a alargar la nariz.
- El cocodrilo también tiraba todo lo que podía.
- La nariz del elefantito se alargó hasta medir casi metro y medio.
- La serpiente le ayudó a librarse del cocodrilo.
- El elefantito intentó encoger su nariz.
- La serpiente le dijo que la trompa podía ser muy útil.
- El elefantito podía espantar moscas con ella.
- Podía usarla para meterse hierba en la boca.
- Podía usarla para coger fruta de los árboles.
- Podía usarla para echarse agua fresca por la cabeza.
- El elefantito volvió a casa orgulloso de su trompa.
- Todos los elefantes quisieron tener una nariz como la suya.

Fuentes de los cuentos

Las historias multiculturales de este libro son relatos, versiones o adaptaciones de cuentos para niños pequeños. Muchas de ellas proceden de antologías y compilaciones de cuentos, que se detallan en la siguiente lista. También se incluyen algunas referencias adicionales que se mencionan en estas obras. Algunas de estas historias que hemos contado a grupos de niños las recordamos de nuestra infancia.

Los relatos se basan en lo que el narrador recuerda de una historia que ha oído o leído en el pasado. Por ejemplo, «Que viene el lobo» es un relato de una famosa fábula de Esopo que oímos cuando éramos niñas y que conlleva un importante mensaje sobre la necesidad de decir la verdad. En nuestro relato se mantienen los personajes y las escenas principales.

En una versión el narrador aporta su interpretación personal con diálogos e interacciones, que hacen que la historia cobre vida sin modificar el argumento ni los personajes habituales. Por ejemplo, en la versión inglesa de «La gallinita roja», los amigos de la gallinita son un cerdo, un pato y un gato. En una de las versiones más populares, la de Paul Galdone, hay un gato, un perro y un ratón. En la nuestra los animales tienen nombres (el perro Beagle, el gato Percales y el Ratón Gris), y sus características se repiten a lo largo de la narración.

En las adaptaciones suele haber cambios más significativos que no se limitan a pequeñas variaciones en la narración o los diálogos. En la adaptación de una historia se pueden incluir o suprimir personajes o escenas para que resulte más interesante a los lectores u oyentes. Por ejemplo, en el cuento cherokee «La cola de la zarigüeya» hemos cambiado los animales y algunas de sus acciones.

«El sastre ahorrador» es una historia muy fácil de contar que gusta mucho a los niños. Narra la transformación del abrigo de un sastre en una chaqueta corta, un elegante chaleco, un gorro, un botón y por último una historia. Aunque hay muchas versiones de «El sastre ahorrador», la nuestra está basada en la de Nancy Schimmel. Oyó por primera vez la historia en una canción *yiddish*, y la narra en talleres de cuentos con distintos finales. La canción «I Had a Little Coat» está incluida en el álbum *Songs of the Holidays*, interpretada por Gene Bluestein (Folkways FC 7554). La versión de Nancy Schimmel, «The Tailor» se puede encontrar en *Just Enough to Make a Story: A Sourcebook for Storytelling* (Berkeley, CA, 1992).

«Jack el perezoso» es una historia muy amena y divertida. Este personaje existe en muchas culturas, y siempre se le caracteriza como alguien que comete errores tontos. Las cosas que hace son tan absurdas y extravagantes que hacen reír a todo el mundo. A pesar de los problemas que tiene, a veces le ocurre algo bueno, como en este cuento inglés. La historia de Jack se encuentra en *Story and Verse for Children*, de Mariam Blanton Huber (Nueva York, 1965); en *English Fairy Tales*, de Joseph Jacobs (Nueva York, 1967); y en *The Three Bears and 15 Other Stories*, de Anne Tockwell (Nueva York, 1975).

«La olla parlante» es un cuento danés, aunque hay historias de ollas mágicas en muchas culturas. Esta historia incluye otro tema habitual de los cuentos populares: quitar a los ricos para dar a los pobres. «La olla parlante» es uno de los cuentos que recopiló Jens Christian Bay en *Danish Fairy and Folk Tales* (Nueva York, 1899). La versión que incluimos en este libro procede de *Anthology of Children's Literature* (Boston, 1977), de Edna Johnson, Evelyn R. Sickels, Frances Clarke Sayers y Carolyn Horovitz. Esta historia también se puede encontrar en *13 Danish Tales*, de Mary C. Hatch (Nueva York, 1947) y en *Favorite Fairy Tales Told in Denmark*, de Virginia Haviland (Boston, 1971).

«El pescador y su mujer» es una versión del cuento de los hermanos Grimm que fue publicado por primera vez en 1819, aunque existen historias similares en todo el mundo. Este cuento se encuentra también en *Folk Tales from Many Lands*, de Hazel Gertrude Kinscella (Nueva York, 1939); en la traducción de Ralph Manheim de *Grimms' Tales for Young and Old: The Complete Stories* (Nueva York, 1983); y en la traducción de Elisabeth Shub de «About the Fisherman and His Wife», incluida en *About Wise Men and Simpletons* (Nueva York, 1971).

«El león y el ratoncito» es una adaptación de una fábula de Esopo. En esta adaptación hemos incluido monos, jirafas, búfalos y elefantes con más diálogos y descripciones de los movimientos de los animales que en la fábula original. Esopo fue un fabulista griego del siglo VI al que se le atribuyen cientos de historias breves que contienen una lección moral. Algunos expertos opinan que Esopo podía ser cualquiera que narrara estos sencillos cuentos para ilustrar grandes verdades. Esta historia también se incluye en *Anthology of Children's Literature* (Boston, 1977), de Edna Johnson, Evelyn R. Sickels, Frances Clarke Sayers y Carolyn Horovitz.

«El nabo gigante» es uno de los cuentos rurales que al parecer recopiló Tolstoy. Nuestra versión de esta historia está basada en un cuento popular ruso, aunque en muchas culturas hay cuentos de frutas y verduras gigantes: zanahorias, batatas, sandías e incluso colinabos. En todos ellos hace falta mucha gente o muchos animales para arrancar la planta gigante de la tierra, y al final lo consiguen gracias a un ratoncito, un escarabajo o un niño. Para nuestro relato también nos hemos basado en *The Enormous Turnip*, de Kathy Parkinson (Morton Grove, IL, 1986); *The Turnip: An Old Russian Folktale* (Nueva York, 1990), ilustrado por Pierr Morgan; y *Once On a Time From an Old Russian Storyteller* (Nueva York, 1938), de Katherine Milhouse y Alice Dalglish.

«La gallinita roja» es un famoso cuento inglés que se suele contar en los parvularios. Muchos profesores utilizan la versión de Paul Galdone en la que la gallina comparte su casa con un cerdo, un pato y un gato. En nuestra versión mantenemos el mismo número de personajes, pero con el perro Beagle, el gato Percales y el Ratón Gris y una serie de descripciones de su holgazanería y de sus movimientos. Para preparar esta versión hemos leído *The Little Red Hen*, de Paul Galdone (Nueva York, 1973) y «The Little Red Hen», de Hilda Offen, incluido en *A Treasury of Bedtime Stories* (Nueva York, 1981).

«Los duendes y el zapatero» es un cuento de los hermanos Grimm. Jacob y Wilhelm Grimm recopilaron una serie de cuentos populares alemanes de tradición oral y los publicaron a principios del siglo XIX. La historia que se narra en este libro contiene la esencia del cuento original, pero ha sido modificada tras leer numerosas versiones, entre ellas la de Hilda Offen, «The Elves and the Shoemaker», incluida en *A Treasury of Bedtime Stories* (Nueva York, 1981); la de John W. Griffith y Charles H. Frey, eds., «The Elves and the Shoemaker», incluida en *Classics of Children's Literature* (Nueva York, 1981); y la de Bill Alder Jr., «The Elves and the Shoemaker», incluida en *Tell Me A Fairy Tale: A Parent's Guide to Telling Magical and Mythical Stories* (Nueva York, 1995).

«La grulla blanca» es una versión de un cuento popular japonés basada en las narraciones de un cuentacuentos y en la lectura de historias similares. En nuestra versión, un pobre pescador ayuda a escapar a una hermosa grulla que queda atrapada en una red. Más tarde la grulla se convierte en una muchacha huérfana, que vive con el pescador y su mujer para ayudarles en su vejez. Teje una preciosa tela, pero les advierte que nadie debe verla mientras esté tejiendo. Ellos venden la tela por mucho dinero y no vuelven a pasar hambre, pero va a visitarles una vecina curiosa que abre la puerta de la habitación. Entonces la muchacha se convierte de nuevo en una grulla y se marcha volando.

«La gallina Marcelina y sus amigos» es una historia muy popular entre los niños por la rima de los nombres y la repetición de los personajes. En su versión original la gallina recibe varios nombres, entre ellos Henny Penny, Chicken Licken, Henn-Lenn y Chicken Little. Esta historia se incluye en *Anthology of Children's Literature, 5th ed.* (Boston, 1977), de Edna Johnson, Evelyn R. Sickels, Frances Clarke Sayers y Carolyn Horovitz; *Animal Folk Tales*, de Barbara Ker Wilson (Nueva York, 1971); y *Bag O'Tales*, de Effie Power (Nueva York, 1934).

«Que viene el lobo» es una fábula de Esopo. Además de recordarla, la hemos leído en *Folktales: Teaching Reading through Visualization and Drawing*, de Laura Rose (Tucson, Arizona, 1992); «The Shepard Boy and the Wolves», de Charles Sylvester, incluida en *Journeys through Bookland, Vol. 1* (Chicago, 1922, 1932); y «The Shepherd's Boy and the Wolf», traducida por Vernon Jones e incluida en *Aesop's Fables* (Nueva York: 1912, 1967, 1969). Las historias de nuestra infancia tienen un significado muy especial, porque nos ayudan a recordar lecciones muy importantes y a los seres queridos que nos las contaban. Rebecca Isbell dice: «Este relato está dedicado a la memoria de mi primer narrador, mi padre».

«La cola de la zarigüeya» es una adaptación de un cuento cherokee narrado por un profesor de Tahlequah, Oklahoma. Todos los animales que hemos incluido tienen colas, con las que se puede comparar la de la zarigüeya. En la literatura indígena norteamericana se encuentran varias versiones de esta historia (que explica por qué son así los animales). Nosotras hemos leído «Why the Possum's Tail is Bare», incluida en *Why the Possum's Tail is Bare and other North American Indian Nature Tales*, de James E. Connoly (Owings Mills, MD, 1985). Connoly hace referencia en su obra al Instituto Smithsonian y al libro *Myths of the Cherokee*, de James Mooney.

«Por qué los cocodrilos no comen gallinas» es un cuento bantú. Lo oímos por primera vez en el Festival Nacional de Cuentos de Jonesborough, Tennessee, y después lo hemos leído en

Stories in My Pocket: Tales Kids Can Tell, de Martha Hamilton y Mitch Weiss (Golden, CO, 1996). Esta historia también se encuentra en *Crocodile and Hen*, de Joan M. Lexau (Nueva York, 1969); «Why Crocodile Does Not Eat Hen», de Maria Leach, incluida en *How the People Sang the Mountains Up: How and Why Stories* (Nueva York, 1967); y «The Crocodile and the Hen», de Marguerite P. Dolch, incluida en *Animal Stories from Africa* (Champaign, IL, 1975).

«La joroba del camello» la escribió Rudyard Kipling, y está incluida en su libro *Just So Stories for Little Children*. El objetivo de esta historia, como el de muchas otras de esta obra, era explicar un fenómeno que parecía inexplicable. A lo largo de la historia muchas culturas han creado historias para explicar por qué son así las cosas. En este cuento se explica por qué el camello tiene una joroba.

«Por qué el burro vive con el hombre» está basado en una historia mejicana ambientada en el desierto de Méjico. La historia tiene dos características de los cuentos populares: es un cuento con picaresca y a la vez explica por qué un animal llegó a ser tal como es ahora. Nosotras la hemos leído en *Anthology of Children's Literature, 5th ed.* (Boston, 1977), de Edna Johnson, Evelyn R. Sickels, Frances Clarke Sayers y Carolyn Horovitz. Las autoras de la antología hacen referencia en su obra a *The Cactus Fence* (Nueva York, 1943), de Catherine Bryan y Mabra Madden.

«El elefantito curioso» es un cuento que escribió Rudyard Kipling en 1900, y pertenece a su obra *Just So Stories*. Esta historia tiene muchas versiones diferentes y se ha incluido en varias colecciones de cuentos y libros ilustrados. Al igual que a los niños, al elefantito le interesa todo lo que lo rodea. En la versión original al elefantito le dan unos azotes por hacer tantas preguntas. En ésta se valora la importancia de las preguntas y de la «curiosidad insaciable» como cualidad positiva que permite a los niños resolver problemas.

FUENTES DE LOS CUENTOS